新概念阅读书坊

BUKE-SIYI DE LI SH

不可思议的

SHENMI QI'AN

历史神秘奇案

主编◎崔钟雷

吉林美术出版社

图书在版编目（CIP）数据

不可思议的历史神秘奇案 / 崔钟雷主编 . —长春：
吉林美术出版社，2011.2（2023.6 重印）
（新概念阅读书坊）
ISBN 978-7-5386-5235-2

Ⅰ . ①不…　Ⅱ . ①崔…　Ⅲ . ①世界史 – 青少年读物
Ⅳ . ① K109

中国版本图书馆 CIP 数据核字（2011）第 015246 号

不可思议的历史神秘奇案
BUKE-SIYI DE LISHI SHENMI QI'AN

出 版 人　华　鹏
策　　划　钟　雷
主　　编　崔钟雷
副 主 编　刘志远　张婷婷　于　佳
责任编辑　栾　云
开　　本　700mm×1000mm　1/16
印　　张　10
字　　数　120 千字
版　　次　2011 年 2 月第 1 版
印　　次　2023 年 6 月第 4 次印刷
出版发行　吉林美术出版社
地　　址　长春市净月开发区福祉大路 5788 号
　　　　　邮编：130118
网　　址　www.jlmspress.com
印　　刷　北京一鑫印务有限责任公司
书　　号　ISBN 978-7-5386-5235-2
定　　价　39.80 元

前　言

　　书，是那寒冷冬日里一缕温暖的阳光；书，是那炎热夏日里一缕凉爽的清风；书，又是那醇美的香茗，令人回味无穷；书，还是那神圣的阶梯，引领人们不断攀登知识之巅；读一本好书，犹如畅饮琼浆玉露，沁人心脾；又如倾听天籁，余音绕梁。

　　从生机盎然的动植物王国到浩瀚广阔的宇宙空间，从人类古文明的起源探究到 21 世纪科技腾飞的信息化时代，人类五千年的发展历程积淀了宝贵的文化精粹。青少年是祖国的未来与希望，也是最需要接受全面的知识培养和熏陶的群体。"新概念阅读书坊"系列丛书本着这样的理念带领你一步步踏上那求知的阶梯，打开知识宝库的大门，去领略那五彩缤纷、气象万千的知识世界。

　　本丛书吸收了前人的成果，集百家之长于一身，是真正针对中国青少年儿童的阅读习惯和认知规律而编著的科普类书籍。全面的内容、科学的体例、精美的制作、上千幅精美的图片为中国青少年儿童打造出一所没有围墙的校园。

编　者

目 录

政治军事

文化艺术

宫廷秘闻

名人逸闻

政治军事

ZHENGZHI JUNSHI

特洛伊战争真伪之谜

特洛伊王子帕里斯前往斯巴达王宫做客,与斯巴达王后海伦一见钟情,这位全希腊最美的女子与帕里斯私奔到特洛伊。因此,斯巴达国王与阿伽门农组织希腊联军攻打特洛伊,从而引发了特洛伊十年战争。

《荷马史诗》的巨大影响力让很多人都知道了"特洛伊战争",那么这场战役在历史上是否真的发生过呢?对此考古学家们颇为疑惑,因为他们尚未找到证实"木马屠城"历史事件的证据。长期以来人们一直争论不休。

在过去的十几年中,来自近二十个国家的三百五十多位科学家和技术专家参与了一项对特洛伊遗址的考古发掘工作。特洛伊遗址位于今天土耳其的西北部,从公元前3000年早期青铜时代开始,到公元前1350年,这里一直是文明的发源地。考古项目的负责人曼弗雷德·科夫曼说这次考察活动的主要任务就是验证特洛伊战争的真实性。

一座失守的古城

科夫曼说,根据考古遗迹推论,特洛伊城大约是在公元前1180年被摧毁的,大概源于一场战争。考古人员在遗址处发现如火灾残迹、骨骼和为数不少的散置的投石器弹丸等大量相关证据。

科学家发现的特洛伊考古遗址，人们认为特洛伊战争很可能发生在这里

正常来讲，战争结束后若守城的一方胜利，他们就会把投掷的石块等武器重新收集起来留做以后使用，而如果是攻城的一方胜利是不会做这种费力气的收集工作的。当然，发现的遗迹虽能证明这座城市曾发生过战争，但未必就是《荷马史诗》中所指的特洛伊战争。考古学家还证实，这座城市被攻陷的几十年后，一批来自黑海西北地区或者是巴尔干半岛的新移民就定居到了已经是残破不堪的城市中。

在考古学界公认的看法是，这些遗迹与《荷马史诗》中所提到的那个伟大城市没有任何关系，作为考古对象的那座古城，在青铜时代晚期已没有任何战略意义，因此不可能是特洛伊战争的古战场。

而科夫曼认为，对欧洲东南部地区新的考古研究将纠正这些看法。

"人神大战"的真实还原

科夫曼指出，以当时那一地区的标准来看，特洛伊城称得上一个规模很大的城市，有着极其重要的战略地位。它是连接黑海地区和地中海地区以及连接东南欧和小亚细亚的战略中枢。在当时的东南欧地区，特洛伊城的这一战略中枢位置是无可比拟的。特洛伊城不断受到军事攻击，它不得不进行自我防卫，并且一再修复、扩大和加强其防御工事。留存到今天的遗址上，还有很明显的痕迹。考古挖掘还证实，特洛伊城比先前一般认为的规模要大 15 倍，今天遗址覆盖面积就有 303 643.72 平方米。科夫曼推断，当年荷马必是自

盲诗人荷马雕像

以为他的听众都了解特洛伊战争，所以这位吟游诗人才会夸张地刻画阿喀琉斯的愤怒及其后果。荷马把这座城市和这场战争进行艺术的加工处理，演变成一场伟大的人神大战。然而，在考古学家看来，《荷马史诗》的真实性还可以在另一个层面上得到证实：荷马和那些向荷马提供"素材"的人，可能是在公元前 8 世纪末"见证"过特洛伊城及那片区域的人，这个时期也是史学界认可的《荷马史诗》的形成时期。

科夫曼认为，可能在荷马生活的那个时期，特洛伊城就已经变为废墟，但是留存到今天的这一伟大之城的废墟也足以让人震撼。生活在当时或那之后的《荷马史诗》的听众，如果站在距特洛伊城不远的高处鸟瞰，应该能辨认出在《荷马史诗》中所描绘的建筑物或战场的遗迹。

新证据的发现

尽管特洛伊位于安纳托利亚（小亚细亚的旧称），但两位特洛伊考古活动的先驱——德国考古学家谢里曼与卡尔·布利根却坚持这样一种观点：特洛伊是希腊人的特洛伊。

但科夫曼指出，这种观点是错误的，两位德国学者的考古研究仅涉及在"西线"从希腊到特洛伊的部分考察，却没有兼顾在"东线"对安纳托利亚地区的整体考察。

科夫曼认为，随着考古研究的不断深入，学者们几乎可以肯定，青铜时代的特洛伊与安纳托利亚的联系相当密切，这种密切程度要超过它与爱琴海地区的联系。在特洛伊出土的重量达 1 吨以上的陶

器以及刻有象形文字的印章，泥砖建筑、火葬现象，都可以验证特
洛伊的真实性。

对安纳托利亚地区的研究证实，这座今天被称为特洛伊的城市
在青铜时代后期曾兴起过一个强盛的王国——威路撒。赫梯帝国和
埃及都与威路撒有着密切联系。据赫梯帝国的历史记载，在公元前
13 世纪—前 12 世纪早期，他们和特洛伊城之间的政治和军事处于剑
拔弩张的态势。

这个时期正是《荷马史诗》所描述的发生特洛伊战争的时期。

尚无定论

几十年前，那些坚持特洛伊战争真实性的学者们可谓是凤毛麟
角，他们的学说曾被主流学术界所讥讽。然而，随着近年来相关考
古发现的不断证实，当年的少数派如今成了多数派。现在那些坚决
否认特洛伊战争真实性的学者只能用一句"特洛伊没有任何战略意
义"来支撑他们的观点，这显然是一种牵强附会的说法。

科夫曼说，现在历史学界基本上已达成共识，在青铜时代后期
的特洛伊曾有过几次规模不等的战争。然而还不能确定《荷马史诗》
中的"特洛伊战争"是不是对这几次战争的变形描绘，这场在人们
心中流传已久的大战是否发生过，仍是一个未解之谜。

古罗马军队为何能横行欧亚

罗马帝国的成就一直为人们所景仰。然而原本是一个小国的罗马如何能打下大片疆域，成为一个地跨欧、亚、非的帝国。这个千古之谜一直引人猜想。

罗马军团横行欧亚

罗马人从公元前 6 世纪起就开始驱赶伊鲁特里亚人，建立自己的国家。罗马的建立改变了后来欧洲乃至西亚和北非地区的整体格局。古罗马拥有当时世界上一支很强大的军队，最初军队仍保留着伊鲁特里亚人曾用过的由圆形盾牌和投矛武装的重甲步兵组成的方阵模式，此后它才开始逐渐向正规化部队靠近。

在与拉丁同盟和意大利半岛其他部族进行的战争中，重甲方阵

现代影视剧中的罗马军团方阵

的内在局限性日益暴露出来。意大利凸凹不平的地势使得重甲方阵调遣起来非常困难，而且方阵的两侧也经常会遭到没有统一作战规则的部族士兵攻击。所以，公元前4世纪初，更为灵活的军事组织——军团逐渐取代了方阵，而成为新的作战方式。军团的人数视条件而定，但它的主要战术结构仍保持不变。步兵根据年龄和经验排成三列：第一列称"哈斯塔迪"；第二列是"普林斯朴斯"，他们一般年龄在三十岁左右、服役7年的士兵；最后一列"特瑞阿瑞"是久经沙场的老兵，他们老练而沉着，可以鼓舞整个军队的士气。

只有第三列久经沙场的士兵使用长矛，第一列和第二列士兵都使用重标枪。这种标枪又称"皮鲁姆"，长约2.08米。用力过猛时，枪尖时常会弯曲，枪头也因而折断，这种兵器也就不能再次使用了。此外，矛头往往能够嵌入敌人的盾牌和盔甲中，令对手行动不便。第一列队伍在投掷完他们的标枪之后，就立刻挥剑冲入敌阵，进行近身肉搏。如果第一轮进攻失利，幸存者就会马上退向第二队列，由第二列接着发动更为猛烈的进攻。如果两次进攻都失败了，幸存者将会退到第三列的后部，第三列就会收缩队形，举起长矛，提供一道安全的屏障保护部队安全撤退。

罗马人的战绩缘于他们人力的优势、灵活的战术和特殊的武器，但更重要的是取决于军团将士们的素质和忠诚。公元前200年希腊将领色诺芬回忆他的军队时曾说："这样的人在战场上无往而不胜。"因为他们的军队面对强敌时，也会毫无畏惧，沉稳镇定。

是战术优势还是武器先进

后来，军团的主要战斗武器是西班牙剑，估计是由在西班牙与迦太基人作战的军队带回意大利的。西班牙剑是宽身利刃剑，长约七十厘米，主要为刺击而设计。据说这也是一件令罗马敌人恐惧的武器。

罗马人于公元前197年在色萨力的锡诺赛佛拉打败了马其顿方阵，对菲利浦五世的统治予以重创，同时这也预示着一个具有新式作战方法的强大帝国正在崛起。

战术结构的优越性必须要在实战中才能得以验证。当时军队的作战方式受希腊重甲方阵的影响较大，而古罗马军团新的战术结构的发明者是谁？他又以怎样的军事理论或政治手段使古罗马统治者接受了新的作战方式？古罗马的历史悠久深远，现代人已无法得知当时的真相，而且史料上也没有明确的记载，这使其成为一个千古之谜。

古罗马军团战马雕像

古罗马起义将领
斯巴达克为何率军南下

斯巴达克起义一直为人们所熟知，这支由色雷斯人领导的队伍曾令罗马奴隶主头痛不已。然而一次错误的战略转移却令这支队伍陷入绝境，最终难逃厄运。是怎样的原因引发了这场悲剧呢？

可歌可泣的斯巴达克起义

世界古代史上最宏伟浩大的奴隶起义爆发于公元前 73 年，其领导者为斯巴达克。这场声势浩大的起义以反对罗马奴隶主统治为目的，起义曾经席卷了整个意大利半岛，令古罗马统治阶级惊慌失措。

当斯巴达克起义军将克劳狄乌斯和瓦利尼乌斯的围剿接连粉碎后，斯巴达克曾拟订一个北上计划：全军向阿尔卑斯山前进，越过高山，

布鲁提翁带领的起义军被赶到意大利半岛

北上出境，返回故土。重返家乡，本是人之常情，不过副将克里克苏却坚决反对斯巴达克提出的这个计划。随后，克里克苏率领 20 000 人愤然出走，后不幸被官军消灭。斯巴达克率军继续北上令楞图鲁斯和盖利乌斯的前堵后追计划失败，并一度攻打到阿尔卑斯山脚下的穆提那城。然而，此时斯巴达克却放弃北上计划，转而调头南下。

因害怕起义军攻打罗马城，罗马元老院马上派遣独裁官克拉苏率领八个军团去镇压这次起义。为严明军纪，克拉苏动用了古老的"十一抽杀律"，即战败或逃脱者，从十人中抽一人处以死刑，军队的战斗力因此大为提高。

被赶到意大利半岛南端的布鲁提翁带领的起义军准备渡海去西西里，但遭遇失败。克拉苏下令在半岛最南端挖了一条两端通海的大壕沟，企图将起义军的退路截断，将起义军就地歼灭。虽然起义军侥幸冲出封锁，但仍然伤亡惨重，很快就陷入危机。

在这个紧要关头，斯巴达克提出让部队撤离意大利半岛，起义军内部牧民出身的康格尼斯不同意这一行动，于是带领起义军离开队伍，结果很快被克拉苏消灭。

公元前 71 年春，起义军与官军进行了一场最后决战。双方在阿普里亚境内展开激战，斯巴达克和其部下英勇牺牲，官军把被俘的 6 000 名起义军全部钉死在从卡普亚到罗马大道两边的十字架上。

南下原因说法不一

起义虽以失败告终，但仍然对罗马奴隶主统治者予以沉重打击。但是，几千年来人们迷惑不解的是斯巴达克为何放弃了北上的计划？如果他按计划离开罗马返回色雷斯，历史又会被怎样改写呢？

当斯巴达克最初制订北上计划时，起义军内部已出现严重分裂：副将克里克苏率领 20 000 人出走，结果被官军很快歼灭了。起义军内部的第二次分裂发生在斯巴达克提出渡海去希腊的时候，牧民出身的康格尼斯对撤出意大利半岛的主张坚决反对，带领 12 000 人离开队伍，结果又被克拉苏消灭。

　　看来，起义军内部始终在去与留的问题上存在严重的分歧。这与起义军来源有很大的关系：斯巴达克等人是来自色雷斯的角斗士，有很强的乡土意识，他们希望有朝一日能重归故土色雷斯。而另外一些起义军过去是罗马破产农民，不愿意离开罗马。这种强烈的本土意识使他们在大敌当前时意识不到真正的危险，从而导致了最后的分裂。

　　历史学家们普遍认为斯巴达克是依客观形势而调整计划的。起义开始时，敌强我弱，罗马军队太强，不宜久留于此，才要北上，可以在敌人势力范围较远的北部地区发展壮大，从而翻过阿尔卑斯山重回故乡。但北上途中的节节胜利，尤其是起义军将罗马执政官克劳狄乌斯、名将楞图鲁斯和盖利乌斯的围剿接连挫败之后，敌我力量对比出现了一点变化。起义军因此而振奋，甚至自信可以在罗马大战一场。

　　第二种意见认为：阿尔卑斯山的恶劣条件改变了起义军北上翻越山岭的计划。12万起义将士到达阿尔卑斯山脚下时，身上的单衣无法御寒，再加上起义军给养不足，没有办法，只好取消了北上计划。

　　斯巴达克如果真能返回色雷斯，那么历史就不会是今天这样了；而罗马官军对待斯巴达克的态度——是消灭还是驱逐，也决定了历史的真实性。无论人们怎样猜想，这一切都已成为令现代人百思不解的谜团。

是尼禄烧了罗马城吗

尼禄是有名的暴君，他弑父杀母的恶行是其无法掩盖的劣迹。而罗马城的毁灭似乎也与他有很大关系。这座承载着荣誉与财富的城市一夜之间化为废墟，是天灾还是人祸一直令人猜测不已。

罗马城的火灾与尼禄

公元64年7月18日，对罗马城来说是个灾难的日子。这天傍晚，罗马城内圆形竞技场附近突然起火。当天罗马城风力很大，火势随风势蔓延，一场大火不可避免地发生了。大火历时9天，只有4个区幸存下来，其他的10个区已经成为废墟，甚至其中一个区只剩下灰烬。无数的生命被大火吞噬，成千上万的财产化为灰烬，宏伟壮丽的宫殿、神庙和公共建筑物也被付之一炬，在无数战争中掠夺来的金银财宝、艺术珍品、古老文献原稿也在这场大火中遭到浩劫。古今史学界对于这场大火的起因一直存在争议，到底它是人为的还是天灾呢？

据当时流行的传闻说，这次大火是尼禄下令放的。尼禄是罗马历史上一个臭名昭著的暴君。他骄奢无度、弑父杀母，其滥杀无辜的行为是历史学家多次谈及的话题。他纵情享乐、挥金如土，致使罗马国库积存耗损一空，财政枯竭。同时他还任意搜刮、没收富人的财产，使得帝国各地和各阶层都对他很不满。但是，他若放火烧掉自己的城邦，听起来还是让人不可置信。然而火灾发生时，尼禄的言行确实表明他有纵火的嫌疑。

据说有一次一个人在与尼禄聊天时说："我死后，愿大地一片火海。"尼禄马上打断了这个人的话："不，在我活着的时候，就会使大地变成一片火海。"而且，

罗马帝国的暴君尼禄是第一个采取货币贬值政策的皇帝，图为尼禄时期发行的金币

尼禄曾多次表示，他不喜欢罗马城旧建筑和那些曲折狭窄的旧街道，真想用一把火烧掉这些旧房子，按照自己的意愿来重建罗马城。据说当罗马变成一片火海时，尼禄竟然坐视不管，还登上花园的塔楼，在七弦琴的伴奏下，一边观赏着火海的绚丽景象，一边情绪激昂地朗诵着有关古希腊特洛伊城毁灭的诗篇。

尼禄特别想据为己有的黄金房屋附近有一些石头墙壁的谷仓。起初大火并没有烧到谷仓，尼禄却令人撞毁墙壁，人为地让火烧至谷仓。大火过后，尼禄马上在废墟上修建起自己的新宫殿——"黄金之屋"。在这座"金屋"里，除了宫廷建筑中必不可少的金堆玉砌之外，还有林苑、田园、水榭、浴场、水池和动物园，以便让人领略独特的湖光水色、林木幽雅的景物风情。整个宫殿内部用黄金、宝石和珍珠装饰，餐厅的天花板都是用象牙镶边。尼禄看了这座富丽豪华的宫殿后非常满意，赞叹道："这才像个人住的地方。"

火灾过后，罗马人民群起声讨尼禄。尼禄为平息风波，找来一批基督徒来当替罪羊。这些人有的被蒙上兽皮让猎狗吃掉，有的被钉在十字架上点着当做夜里的照明灯，这都是些残忍至极的刑罚，这样惨无人道的暴行使得人们更加反抗他的统治。

尼禄是否是真凶

对于尼禄是不是罗马大火的纵火者，历史学家们有着不同的看法：古罗马历史学家塔西佗认为是尼禄放火烧了罗马城。他描写道：

"当大火吞噬城市时，没有人敢去救火，因为有一些人不断发出威胁，不许人们去救火，还有一些人公然到处投火把，他们说自己是奉命这样做的。"这些在大火中行为怪异的人很可能就是尼禄的亲信。另一位历史学家则记载："几位前任的执政官在自己的庄园里，发现尼禄的侍从拿着麻屑和火把，但没人敢上前捉拿他们。"古罗马的史学家们几乎一致指控是尼禄为了重建罗马城而纵火焚城的。

另一种说法则认为：尼禄认为自己是一个伟大的艺术家，燃烧中的罗马城只不过是自己的一件伟大作品。而有些学者却反驳说：如果尼禄自认为是艺术家的话就不会在圆月当空的情况下欣赏作品了，那样效果不是很好。这样看来，罗马城的大火也许只是一场天灾。

但是，从尼禄的性格来分析，尼禄确实是一个疯狂的人，他很有可能会放火烧罗马城。自认为是"天才演员"和"杰出艺术家"的尼禄曾把真正的杀戮和处死的场面搬上舞台，这吓坏了现场的观众。他从此对罗马观众极为不满，认为只有希腊人才具有真正的欣赏水平，于是他抛弃政务去希腊寻觅知音。尼禄在希腊的公开演出一直进行了15个月，但他还没有回来的意思。直到得知帝国发生叛乱，新元首已经被拥立时，他才仓皇回国。然而尼禄已经众叛亲离，在他仓促逃至一个小茅屋想要躲藏时，罗马追兵已经赶到了。自知难逃一死的尼禄在这时还在哀叹着："一位多么伟大的艺术家要死了啊！"然后拔出刀子自刎。

罗马城起火的真正原因现在还不能盖棺定论，也许科学的进一步研究会为人们解开这个谜团。

罗马帝国覆灭之谜

罗马帝国的成就无比辉煌，而它的覆灭也令人充满疑惑。曾经无比强大的帝国为何变得不堪一击？它灭亡的真正原因又是什么？到底是蛮族大军将其打败，还是其他原因令其毁灭……

罗马帝国灭亡的标志

公元 410 年，哥特人首领阿拉里克率领日耳曼蛮族大军攻占了具有"永恒之城"之称的罗马城，西罗马帝国逐步走向灭亡。在公元 410 年攻克罗马城以前，哥特人就已逐渐沿袭了罗马人的风俗习惯，而在边远地区居住的罗马人，几百年来也不断受到蛮族文化的影响，同时日耳曼民族的罗马雇佣兵也日渐增多，他们对罗马当然不是忠心耿耿。那么他们又是持怎样的态度呢？

公元 410 年阿拉里克攻克罗马，这并不是对罗马帝国的致命打击，但这是罗马帝国 800 年来的第一次败仗，比起实际意义，罗马人心灵上的挫败感更为巨大。因此阿拉里克攻克永恒之城在历史上一直被看作罗马帝国灭亡的象征。

覆灭原因初露端倪

近年来的研究查明了公元 5 世纪哥特人毫不费力就攻克了罗马的真正原因。1969 年—1976 年，在英国南部赛伦塞斯特展开的挖掘工作中，研究人员在一座公元 4 世纪末 5 世纪初的罗马人的墓群里，找到了450具骸骨，多数骨头中的含铅量是正常人80倍之多，儿童骸骨中的含铅量则更加厉害。这些人可能死于铅中毒。

罗马人对他们的优良供水系统引以为傲。供水系统通常都以铅管输送饮用水，同时罗马人用铅杯喝水，用铅锅煮食，甚至用氧化铅代替糖调酒。摄入大量的铅会导致全身无力，甚至丧失生育能力。即使吸收的铅含量很少，也会对生殖能力产生影响，所以罗马人很可能因为喝了含铅的酒和水而死亡，从而致使帝国覆亡。但是，这种猜测还缺乏真实的证据来加以印证，还有待科学家的进一步考证。

铅中毒也不可能是罗马城于公元5世纪被攻陷的唯一原因。否则，东罗马帝国为什么能在西罗马灭亡后，能够继续存在1 000年呢？

东罗马帝国仍然能存在的原因有很多：边境线不长，容易抵御，可避免外族入侵；同时，东罗马帝国国内治安维持较好。但有一件事情也引起人们的注意，即东罗马帝国境内的铅矿较西罗马少得多。罗马帝国灭亡的真实原因，人们仍不得而知，但是其中一定蕴含着很多的秘密和谜团。

英国成为海上霸主之谜

16 世纪末，一场史无前例的海战在英吉利海峡上演。自此，西班牙一蹶不振。而英格兰则开启了辉煌的"伊丽莎白时代"，"日不落"帝国开始崛起。而这场决定性海战背后的秘密也一直为人们所津津乐道。

英西海上争霸

1588 年 7 月，西班牙同英格兰为争夺海上霸权，在英吉利海峡进行了一场激烈壮观、世人皆知的大海战。这次海战，西班牙出动了重型军舰和其他类型舰船共 134 艘，火炮 2 430 门，水手和炮手 7 000 人，接舷战步兵 23 000 人，神职人员和其他各类人员 300 人，总兵力达三万余人，号称"无敌舰队"。

而英格兰能应敌的各种类型的舰船，大大小小拼凑在一起约有一百九十七艘，其中大部分是海盗的武装商船，规模不大，整个舰队作战人员也只有 9 000 人。如此悬殊的差距让人相信西班牙必胜无疑，但结果却让人大吃一惊，西班牙惨败，"无敌舰队"全军覆没。此后，西班牙失去了海上的优势，国际地位急转直下，最终被英国夺去了海上霸主地位。

无敌舰队覆灭的原因

强大的"无敌舰队"在看似弱小的对手面前居然不堪一击，一战覆亡，这不能不引起历史学家及军事研究工作者的极大兴趣。学者们经过长期的论证考察，得出了以下三种见解。

16世纪的西班牙，是一个头号殖民强国和海上霸主，其殖民势力遍布亚、非、欧、美四大洲，海外贸易盛极一时，有千余艘商船常年航行于世界各大洋。各殖民地的金银财富犹如一条永不干涸的溪流，源源不断地流向西班牙国库。其国力、财力之强盛，在当时的西欧可谓首屈一指。

但腓力二世的昏庸统治，致使西班牙从16世纪下半叶开始就迅速走上了没落的道路。腓力二世是个保守的天主教卫道士。他专横残忍，挥霍无度，从不关心国内经济的发展，只满足于享用从殖民地掠夺来的金银财宝，在马德里的豪华宫殿里，过着醉生梦死的生活。在他统治期间，西班牙经济凋敝，矛盾激化，危机四伏。

英格兰当时虽然在军事上还不如西班牙，但它拥有西班牙所不具备的战争优势：先进的君主专制制度；资本主义经济飞速发展，海外贸易日益扩大；工商业和航海业颇受重视，资产阶级也拥护国家对外战争。

而且此时的英格兰早已完成了宗教改革，不再受天主教会控制，并确立了新教为国教。英格兰民众上下团结协力要打败西班牙，争取海上霸权，向外扩张，争夺殖民地。教会组织也意识到要向反动的天主教会抗击；百姓为了自身安全也支持国家的对外战争。这所有的一切，为英格兰的胜利奠定了坚实基础。西班牙正是缺少这一系列优势才导致了最终的失败。

是天灾还是人祸

上述依据，不无道理，但也仅是一家之言。有的学者不同意这个看法，认为"百足之虫，死而不僵"。16 世纪的西班牙虽然正走向衰落，但其政治、经济实力尚未达到大厦将倾的地步。他们认为，从当时交战双方的军事实力看，西班牙必胜无疑。"无敌舰队"之所以惨败，是因为腓力二世没有选对将领。

"无敌舰队"装备完毕后，腓力二世于 1588 年 4 月 25 日在里斯本大教堂举行授旗仪式，任命大贵族梅迪纳公爵为舰队总司令，代其率队远征。梅迪纳本是陆军将领，根本不懂海战，对指挥舰队作战也毫无经验，而且晕船。他根本没有指挥作战的能力和心理准备，对赢得这场战争更是缺乏信心。

果然，梅迪纳的指挥糟透了。当英国舰队发现"无敌舰队"进入英吉利海峡后，立即抢占上风方位，主动出击。梅迪纳按传统战术，命令舰队列成半月形迎战。但西班牙舰队的阵势很快被打乱，损失惨重，梅迪纳无心恋战，传令撤出战斗，向东退却。

当晚，英军采取火攻战术，梅迪纳又一次惊慌失措。一天的激战过后，全军陷入疲惫状态，这时英军来袭，梅迪纳从梦中惊醒，错误地让将士砍断了锚索，四处逃窜。慌乱中的船只或是被

伊丽莎白女王在位期间英国的资本主义得到了长足发展

撞沉，或是在大火中被烧成灰烬。

梅迪纳原想等火船漂过以后，再恢复战斗序列，谁知因他下令断锚，多数军舰都丧失了两个主锚，无法停船，只好任风吹去。梅迪纳此时知道回天无术，只好率剩下的船只返航。到达西班牙时，"无敌舰队"几乎所剩无几，只有寥寥43艘残破船舰。可见，梅迪纳的错误指挥是这次惨败的主要原因。甚至连西班牙士兵都把这次不幸归罪于梅迪纳，他们纷纷抱怨道："真见鬼！陛下竟把一个只会在陆上走路的人派到海上来指挥。"

其实，腓力二世对梅迪纳指挥打胜这场海战也是信心不足。出航前，梅迪纳曾接到腓力二世的密封谕旨，上面写着："密，只有在舰队总司令亡故时才许开拆。"原来，腓力二世早就想任命轻骑兵上将唐·阿隆索来指挥西班牙舰队。"无敌舰队"出航前，阿隆索是皇家军事委员会成员，担任过西西里舰队总司令，获得过圣约克勋章。他既能洞悉国王意图，又能亲力执行，更重要的是他还善于指挥舰队。

梅迪纳的错误指挥，使得此次战争中担任分舰队司令的阿隆索也葬身于此。腓力二世为何要选择梅迪纳这个庸将而不是阿隆索来担任总司令呢？这其中一定另有原委，但我们不得而知。试想如果是阿隆索指挥舰队，历史可能就要改写了。

第三种意见认为，"无敌舰队"不是毁于人祸，而是亡于天灾。西班牙舰队首先遇到的对手，不是英军，而是更加可怕而又无法战胜的大西洋的狂风巨浪。"无敌舰队"是在1588年5月末启航的，时机非常不当，这个季节的大西洋风多、雾大、浪险。6月19日，突然狂风大作，海浪涛天，"无敌舰队"的许多船只被吹翻、吞噬。淡水从仓促制成的木桶中漏出，大量食物腐烂，水手们疲惫不堪，步兵大多因晕船而失去战斗力。梅迪纳没有办法解决问题，损失了33艘舰船，8 449名船员和士兵。天不逢时，"无敌舰队"在开战前就遭受了如此重创。

梅迪纳写信据实报告国王，建议暂停远征，与敌人达成体面的协议，待来年再图进兵。但腓力二世的回答却斩钉截铁，没半点回旋的余地："即使您在拉科鲁尼亚不得不再扔下 10 或 12 艘船只，您也必须立即出港……"梅迪纳就是带着这样一支失去战斗力的队伍与英军交锋的，这就为"无敌舰队"的覆亡埋下了伏笔。

残破的舰船在退回国内的途中又在苏格兰北部海域遭到了大风暴的袭击，又导致了一部分舰船的损失。"无敌舰队"所剩无几。上天"眷顾"了英格兰，他们仅死伤百余人，没有损失一艘舰船就打败了西班牙舰队。

上述三种说法，似乎都言之有理。但"无敌舰队"覆亡的根本原因究竟是缺乏战争的基础，还是无能的指挥官酿成的大错，又或者真是老天的不相助，这些都需要进行深入探索、分析。仅以一方面原因来为这场著名海战下定论是不足取的。

腓力二世戎装塑像

华盛顿为何拒绝
竞选第三任总统

权力是个神秘的东西，无数人为它头破血流，无数人为它颜面扫地。但有人手握权力却不眷恋高位，在应该离开的时候毅然选择激流勇退。他就是华盛顿。他的退隐开创了伟大的传统，也留下了难解的谜团。

华盛顿拒绝再次连任总统

在美国历史上，乔治·华盛顿绝对是一位重量级人物，作为美国的开国元勋，他领导美国人民进行了艰苦的独立战争，从而彻底摆脱英国殖民者的统治，使美国走上了自由之路。而且在战后，他组建了第一个合众国政府，确立了国家信誉，为美国的国家形态奠定了基本的结构形式。同时，他还很注重国家经济发展，促进海上贸易的繁荣，制定了影响深远的土地政策。这一切，足以使他终生受到美国人的爱戴。

在他第二届统任期将满之时，仍有许多人推举他继续连任，宪法也没有对此限制，但是华盛顿却选择了退隐。1796年9月他发表了著名的《告别词》说服国会，解甲归田。华盛顿退出政坛一时间引起了世人的广泛关注。

对于华盛顿这一出人意料举动的真实原因，许多历史学家进行了长期的探讨和研究，但是一直没有一个定论。而华盛顿本人不管是在当时，还是在回到家乡后，都没有公开表示过他拒绝连任的真实原因。尽管如此，历史学家们还是根据华盛顿的生平经历进行了大胆的猜测，以探究华盛顿拒绝连任的原委。

是自愿放弃还是迫于压力

　　一些历史学家得出这样的结论：华盛顿因为害怕自己卷入激烈的党派斗争，所以自动放弃继续从政的机会。华盛顿早已见识到了党派斗争扩大化的危害，他在告别演说中强烈呼吁要反对党派斗争和其他分裂势力。遗憾的是，在党派斗争中他虽长期保持中立，但在第二届统任期末，他失去了非党派的立场，成为一个联邦党人。在这种形势下，他中断自己的从政生涯看来是一个开明政治家的最明智选择。

　　另一些历史学家认为，舆论的攻击对华盛顿作出拒绝连任第三届总统的决定有重要影响。英国一位历史学家说："由于想要空闲，由于感到体力衰退和遭到反对派的谩骂而气馁，华盛顿拒绝接受要他担任第三届总统的要求。"

　　美国许多历史学家和政治家也持有上述观点。党派斗争日益加剧，舆论斗争也随之激烈。华盛顿在第二届总统任职期间，已被党派斗争和两党间的攻击烦扰多时，身心俱疲。他被指责为"伪君子""恺撒"，说他藐视公众。当他提出不连任第三届总统时，许多杂志在其头版头条中还把他的举动称为"恶毒的谎言"。费城的《曙光报》在华盛顿告退的次日宣称："这一天应成为合众国的纪念日……因为，原是

我国一切灾难根源的那个人，今天已降到与他同胞们的平等地位。"

1797 年 3 月 2 日，华盛顿在日记中写下这样一段话："我现在把自己比作要寻找一个休息之处、并正在屈身倚伏其上的疲惫旅客。但是，人们却不会任凭你安安静静地这样工作，这未免太过分了，不是某些人能够忍受得了的。"

总之，华盛顿拒任总统的上述两条原因并不是孤立存在的，事情往往是由多方面原因决定的。但华盛顿内心真实想法后人不得而知，或许还有其他原因，例如身体不适，或者对名利看得淡薄等等，这些都有待进一步考证。

伟大的传统造福后人

不管怎么样，华盛顿不顾公众的压力，坚决拒绝连任第三届国家总统，从而形成了美国总统连任两届的传统，这有着深远影响和意义。美国当时的宪法并没有规定总统不可以连任三届。华盛顿创立的这一传统一直延续到 1940 年富兰克林·罗斯福当选第三届总统为止。1947 年国会鉴于总统权力不断扩大和有可能形成终身制的趋势，才制定了《第二十二条宪法修正案》，即"任何人不得任总统之职两届以上"，该修正案于1951 年正式批准实行，从而在宪法上确立了华盛顿创立的传统。

华盛顿在退休后不到三年，染上风寒，后来他的病情恶化，再加上当时的医疗水平有限或医生的误诊，最终病逝。他的去世引起了世人的关注，也让世人又一次想起他拒绝连任总统的原由。

也许这个美好的历史之谜并不需要人们想方设法去解开，历史仍然以它自己的方式前进着，人们只要铭记华盛顿这位伟人的名字就已足够了。

美国第一任总统——华盛顿

拿破仑和亚历山大密谈之谜

英雄顺应历史，历史造就英雄。法兰西第一帝国皇帝拿破仑与俄罗斯帝国皇帝亚历山大都是顺应历史的英雄。两个帝国领袖的会面本身就是一段传奇，而会谈内容的秘而不宣更是增添了神秘色彩。

皇帝间的会谈

1807 年 6 月 25 日上午，在涅曼河与两岸等距离的水面上静泊着一排巨大的木筏。木筏上搭起两顶装饰华美的白色帆布帐篷。向着俄国河岸一面的篷布上写着一个硕大的字母"A"，另一面篷布上写着同样大的字母"N"。法国皇帝拿破仑在 10 天以前战胜了俄国沙皇亚历山大一世。此时，二人来此会晤。

11 时，亚历山大头戴饰有黑白两色翎毛的军帽，身着绿军装，外罩白套裤，在几个侍从陪伴下乘车来到岸边。沙皇右肩上的金饰及斜披着的大红锦带和浅蓝色的勋章绶带在阳光下耀人眼目。如此刻意修饰的华丽和那强装出来的镇定仍然掩饰不住其内心的焦躁不安。不一会儿，拿破仑戴着那顶传奇式的大三角军帽，身穿禁卫军军装，穿过禁卫军的行列，来到对岸。拿破仑面部表情坚毅，目光炯炯，下颌突出。接着，在法国军队震耳欲聋的欢呼声中，两位皇帝分乘小船向河中心驶去。就这样，两位皇帝在大木筏的帐篷里进行了第一次长时间的单独会谈。

截止到 7 月 17 日法俄正式签订合约，此前的两个星期中，二人在提尔西特小城中多次会面。按照拿破仑对亚历山大的提议："我来充当您的秘书，您给我当秘书，……我们两个人，不要有第三人……"这些会谈也都是单独进行，而且往往持续到午夜之后。

会谈内容众说纷纭

两位皇帝会谈的内容是什么？两位皇帝对一系列重大问题的真实立场究竟是怎样的？这就是历史学家们煞费苦心想要揭开的"提尔西特的秘密"。法国历史学家比尼翁在其《法国史》第六卷中率先描述了拿破仑和亚历山大在涅曼河上首次会谈的情况：两位皇帝见面后互相拥抱，亚历山大说："我对英国人的仇恨和你一样深，我一定支持你对他们采取的一切行动。"拿破仑当即回答说："这样的话，一切都好办，和解也就实现了。"这样的开场白为以后的会谈和签订合约奠定了良好的基础，拿破仑只想让亚历山大和英国决裂，与法国结盟。

英国历史学家约瑟夫·阿鲍特在《拿破仑的一生》中也用类似的话语描述了这一场景。然而，约翰·霍兰·罗斯，一位以研究海军战史见长的英国史学家却持不同意见。他曾有一本专著被英国史学界拿来研究拿破仑，书名是《拿破仑一世传》。

在书中他不客气地指出："所有关于这一情节的传说，归根到底都是以比尼翁的描述为依据，而比尼翁在书中却没有举出任何确实的证据。"他指出在没有随从的情况下，两位皇帝在帐篷中进行会谈，谁会知道会谈的真实内容呢？皇帝们自己也没有理由向外透露两人的对话，也没

俄国沙皇亚历山大像

有史料记载过他们对外提起两人
的对话。

　　他认为亚历山大讲的那句话
是没有策略的。他援引另一位法
国历史学家塔蒂舍夫在《亚历山
大一世和拿破仑》一书中的说法
证明，亚历山大是很想拖几个月
才同英国决裂的。著名法国历史
学家、《拿破仑时代》一书的作
者乔治·勒费弗尔也持同样观
点。他写道："6月25日在涅曼河的木筏上，两位皇帝单独进行了
长时间的会谈。我们将永远不会知道他们彼此说了些什么，而且有
关其他单独会谈的秘密我们也无法得知。"

　　可以说罗斯先生的疑问是合理的。但是这个"传说"中的皇帝
之间会晤的情节又是从何而来的呢？历史学家们也并未对此产生怀
疑。对这一点罗斯先生的解释是："法国人富于幽默，喜欢隽语。在
这样一个民族中，只要话说得精彩，肯定会有人相信，从而作为历
史事实流传后世。"这一推论显然缺乏说服力，相对来说，比尼翁先
生所说的情节还是有历史根据的，毕竟两人确实会晤过，但情节真
实与否却无从考证。

　　比尼翁先生是依据这样的基本事实：7月7日法俄正式签订
《和平友好条约》。和约对俄国极其宽松，简直不像在对待一个战败
国。俄国不仅没有丧失领土，还得到它原来的盟国普鲁士的一部分
土地，而且还获得在瑞典、土耳其行动的权利。俄国所要做的只是
承认拿破仑历次战争的丰功伟绩。同时，法俄签订了一份秘密盟约，
大致内容是在一切战争中，两国都要全力对付共同的敌人，并且使
出自己的全部力量。

　　盟约专门规定，如果英国不接受俄国的调停，或者在1807年11
月1日前不承认各国船舶在海上航行的自由，不归还1805年以来从

拿破仑在 1812 年发动了对俄国的战争。这场战争的失败是法兰西第一帝国由盛转衰的转折点

法国及其盟国夺去的土地，俄国则将加入法国的大陆封锁体系并向英国宣战。因此人们可以知道，盟约缔结的基础是要共同对付英国。有理由认为拿破仑和亚历山大在这一点上有共同语言，从而出现两位皇帝首次会晤时关于英国所说的话也是可以接受的。

持不同看法的历史学家反对具体描述两国皇帝单独会晤时说了哪些话，认为这是"不可置信"的。但他们却仍愿意从两位皇帝后来的叙述中推测会晤的内容，对于盟约及和约的分析也有助于他们猜测当时的情景。然而按照他们的推测和分析，亚历山大并不急于和英国决裂，更不情愿与法国结盟。因为参加大陆封锁体系，英国关闭俄国的港口会使俄国的海军建设和滨海地区的贸易损失巨大。

他们援引亚历山大离开提尔西特前对普鲁士国王说的话："拿破仑所强加于俄国和普鲁士的这个最苛刻的条件（指参加大陆封锁体系），对俄普两国都是一样的。"其语调之愤然溢于言表。后来的历史也最终表明：法俄两国终因反对和破坏大陆封锁体系这个直接诱因而再次发生战争。看来靠推测和分析，历史学家们是无法揭开"提尔西特的秘密"的。

历史真相逐渐显现

苏联于 1963 年公开出版了一批沙俄时代的外交文件，在第一集第三卷中，记载了在提尔西特会谈期间，亚历山大一世给他的对法和谈全权代表的训示草案和补充训示。从这两份文件中可以看到："根据拿破仑的一些提议来判断，我预料法国代表将提出俄法结盟的建议。尽管我决心和这个国家签订和约并准备履行条约所规定的义务，但我现在还看不出两国有结盟的必要，因为这不符合长远的利益。"亚历山大指出，结盟就意味着"俄国付出与英国绝交的代价"，"对英国关闭俄国的港口；对伦敦宫廷施加影响，促使它软化在海上自由和中立航海问题上的立场"。

亚历山大认为："在目前形势下和英国决裂将给我们造成极大的困难。"因此他指示自己的谈判代表"应尽一切努力向法国代表说明，这样做在目前既不符合他们的利益，也不符合我们的利益"。人们可以明确地得知亚历山大对英国问题的真实立场。而且，他的训示还涉及其他一些重要问题并给予了明确的指示。

可以预料，依据今后逐步发现和披露的历史资料，"提尔西特的秘密"是能够被逐步揭开的。当然，这是指两国皇帝单独会谈时在一系列重大问题上的真实立场而言，至于他们在会谈中说过的具体话语可能永远只是他们两人之间的秘密吧。

军队失踪之谜

是中了埋伏，还是被敌军俘虏？341 名英国官兵在土耳其圣贝尔山神秘失踪，各种猜测层出不穷。回顾历史同类事件，至今无人能解释个中原因，越来越多的谜团，有待人们去破解。

官兵神秘失踪

1915 年 8 月 21 日，英国陆军诺福连队的 341 名官兵奉命在土耳其圣贝尔山丘追击土耳其军队。为了及时了解战况，英军司令部随后又派出二十余名官兵，登上圣贝尔山丘附近的高山进行侦察。

然而当时正逢阴天，所以光线非常暗，为这二十余名官兵的侦察工作带来了阻碍。可是 30 分钟后，圣贝尔山丘上空的乌云消失了，周围几千米的景物在阳光下都清清楚楚。唯独那 341 名官兵不知所踪。

一个拥有几百名官兵的连队，竟然在众目睽睽之下悄然消失，这使得英军司令部的指挥官们困惑不已。

官兵失踪之谜的探究

这些官兵到底去了哪里？是走远了还是中了埋伏，抑或是被俘虏了？然而如果是上述三种情况中的任何一种，都能发现一丝踪迹，可实际上什么都没有。当时在圣贝尔山并没有土耳其的军队，在战争结束以后他们也表示并没有在圣贝尔山俘虏过英军。

一些人大胆推测这是因为世界上存在着"第四维空间"，也许他们在当时恰好闯入了第四维空间的入口，神秘地消失了。不过这种推论实在让人难以信服。

英国曾下决心要揭开这 341 名官兵失踪的秘密。他们派出气象学家在圣贝尔山丘进行了非常细致的调查，发现山丘上的大小石块都呈现旋涡状。后来，人们还在荆棘中找到了几缕破碎的军服布料；附近居民也传说在距圣贝尔山一百多千米的山区曾发现过一些七零八落的骸骨。于是，调查人员猜想，这些官兵可能是在山丘上遭到了龙卷风的袭击，他们可能都被极为强大的旋转气流卷走了。

然而，通过对历史上曾发生过的类似失踪事件的分析，这种猜想又有些站不住脚。1711 年，四千余名西班牙士兵驻扎在山上过夜。第二天援军到达那里时，军营中的营火依旧燃烧着，马匹、火炮原封未动，而数千名官兵却全部消失了。军方搜寻了几个月，仍然全无踪影。所以，有人说他们大概是被"外星人"掠走了，可是这看起来只是无稽之谈，四千余名战士怎么可能一下子就被外星人运走呢？除去工具不说，人数也实在太庞大了！但是，在所有猜测都被否定的情况下，人们仍然解不开这个谜团，只能感慨宇宙的神秘了。

神秘的土耳其圣贝尔山

田中奏折真伪之谜

田中义一因臭名昭著的田中奏折而"名扬天下"。在这份奏折中，日本帝国主义企图吞并中国、征服亚洲、称霸世界的野心昭然若揭。虽然日方矢口否认有这份奏折，但日本侵略他国的行径却是不容抵赖的。

田中奏折的暴露

"九一八"事变后不久，中国各大报刊争相报道一则爆炸性新闻，这则新闻披露了1927年日本首相田中义一向天皇呈交的一份题为《对华政策纲领》的秘密奏折。奏折中赫然写道："吾人如欲征服中国，则必先征服满蒙；吾人如欲征服世界，则必先征服中国。吾人如能征服中国，则其余所有亚洲国家及南洋诸国，均将畏惧于我、臣服于我……"

"九一八"事变后不久，日本便利用汉奸在东北建立了傀儡政权——伪满洲国，通过它来控制东北，以达到变东北为永久殖民地的目的。据称，当时一个姓蔡的伪满官员，因从事一项学术研究，需要日本方面的档案材料，他利用所谓"日满亲善"口号下的政治氛围和一些日本朋友的关系，混入日本皇室枢密院图书馆查阅宫廷档案。在堆满古籍材料和各类经典的书架上，他发现一个棕色卷宗，包装精致，与其余落满灰尘的卷宗相比迥然不同，便信手抽出翻看，一瞥之间，他大吃一惊，这竟是一份上奏天皇的密奏。在读过几行之后，他深知这份密奏事关中国几亿同胞的前途和命运，便设法避开图书馆中的日本工作人员，冒着生命危险，扼要读完，并将其译抄为中文，藏于衣服夹层中，带出图书馆。这份译文几经辗转，被带回中国，在报道披露奏折后，日本方面十分恼怒，矢口否认田中首相曾主持制定过这样一份重要文件。他们认为所谓的田中奏折之议，是中国方面蓄意制造的一场阴谋，其目的是为鼓动中国民众抗日，更是为了煽动亚洲各国及世界各国排斥日本。田中奏折原文不符合日本官员奏章的文体，完全是中国情报机关伪造的一份文件。因为年代久远，很多日本侵华档案已被损毁，究竟是否有这样一份田中奏折，成了历史悬案。

田中奏折与日本侵略史

许多年后，一位年轻的中国学者通读中日两方面有关档案材料，对照田中奏折原文，研究日本对外侵略的政策史和侵略步骤，发现二者关系密切，甚至有惊人的相似之处。

19 世纪末，经过明治维新运动而迅速强大起来的日本开始走上一条大规模对外扩张的道路。1894 年，日本发动甲午战争，战胜清政府后获得了大量赔款并且割占了中国的台湾岛及其邻近附属岛屿，更取得了对朝鲜的保护权。1905年，日本打败称雄亚洲的沙皇俄国，夺占俄国库页岛南部和中国辽东半岛，并迫使俄国承认日本在朝鲜享有独占地位。不久，日本竟然公开侵略朝鲜，使朝鲜半岛彻底沦为日本殖民地，其独霸亚洲的野心也愈发强烈。1927 年，中国北伐战争进入高潮，北伐军在"打倒列强"的口号下，跨过长江，向黄河流域进军，日本乘机出兵

田中奏折的始作俑者——田中义一

山东，占领中国青岛等地。

1927年6月27日，日本出兵山东刚过一个月，时任内阁首相兼外相的日本陆军大将田中义一和指导外务省次官森恪，在日本首都东京召集日本陆军、海军、参谋本部、关东军、关东省和驻华使馆官员及满铁公司代表等召开东方会议，商讨日本对华政策。会议连开十几天，到7月7日结束。会议达成一致共识，并且形成了《对华政策纲要》，由田中首相以奏折形式面呈天皇。

田中奏折开宗明义，概述了日本企图征服中国、亚洲和称霸世界的总目标后，继而炫耀性地总结了19世纪末和20世纪初日本的扩张活动，声明"明治大帝遗策第一期征服台湾，第二期征服朝鲜均已实现"。毫无疑问，奏折是把通过甲午战争割占台湾视为实现日本侵略总目标的第一步，日俄战争及征服朝鲜是第二步。可以说，这与东方会议召开前几十年间的日本侵略史完全一致。

在对过去作总结后，田中奏折明确提出实现日本政策总目标的第三步"吞并满蒙"，然后是第四步"统治中国全部资源"；第五步"吾人将更能征服印度、南洋群岛、小亚细亚以至欧洲"。奏折还一针见血地指出，美国和苏联是日本实现征服中国及亚洲目标的主要障碍。因此，日本"不得不与美国一战，打倒美国势力"，同时还要准备与苏联开战。总之，田中奏折确定了日本政策，就是沿朝鲜半岛大陆桥，先吞并中国东北和蒙古，然后侵占中国其余地区，再进攻东南亚。在此过程中，日本完全做好了与美国和苏联决战的准备。

虽然日本方面一再否认田中奏折的真实性，但日本的侵略事实却显示，东方会议以后的日本对外政策却与奏折中规定的步骤完全一致。东方会议结束不久，日本第二次入侵中国山东省。1928年，日军制造了"皇姑屯事件"，炸毁张作霖专列，使其重伤致死，然后企图威逼利诱张学良将军归降日本。1931年，日本发动"九一八"事变，夺取全东北，从而实现了田中奏折规定的第三步侵略目标。1937年，日本发动"七七"事变，全面侵华，迈向第四步侵略目标，摆出迎战美国和苏联的姿态。由于其北进战略受到了苏联方面的有力打击。1941年，日本偷袭了美国的珍珠港海军基地，发动了太平洋战争，吞并东南亚诸国，迈向田中奏折规定的第五步侵略目标。凡此种种，说明田中奏折内容与日本侵略活动相互一致，衔接得天衣无缝。田中奏折不但不是所谓的伪造文件，而且确实是日后十几年来日本对外发动侵略战争的蓝本和纲领性文件。

然而由于日本政府百般抵赖，拒不承认田中奏折的存在，竭力篡改和模糊历史；再加上相关历史文件被日本方面有意销毁，这就使田中奏折的真实性仍然无法确定。但是田中奏折关于侵华战争和二战的一系列重大问题，将会继续引起中日和世界各国学者的兴趣和争论。相信在不久的将来历史会还人们一个真相。

日本明治天皇像

希特勒血洗冲锋队之谜

在 1936 年 6 月 30 日凌晨，曾为希特勒立下汗马功劳的冲锋队在一阵机关枪扫射后消失了。为什么希特勒要对昔日功臣赶尽杀绝呢？是历史必然，还是派系之争？事情的真相又是怎样呢？

冲锋队被血洗之谜

希特勒为何血洗冲锋队呢？研究者们经研究后得出以下结论：

其一，冲锋队已经完成了历史使命。所以，冲锋队必须要退出历史舞台。

其二，希特勒与罗姆之间存在着相当大的矛盾。虽然二者是患难之交，但同时两人又存在严重分歧。

其三，冲锋队与党卫队的斗争。于 1925 年成立的党卫队，即黑衫党，原是冲锋队的下级组织，作为希特勒铁杆卫队的党卫队在冲锋队膨胀的同时亦迅速发展壮大。这两支军事力量在争取权势的斗争中必定会矛盾重重。1929 年希姆莱

任党卫队首领后，矛盾更加激化。

其四，冲锋队不被国防军所容。德国军队在一战后受到限制，在冲锋队成立之初，陆军方面出于将德国武装起来的目的，对冲锋队采取的是扶持态度，把它作为后备军。但随着罗姆想使冲锋队取代国防军的意图日益暴露，军界意识到其特权受到了威胁。如何取舍二者呢？希特勒本应更偏袒他的发迹部队——冲锋队，然而，这样做又会引发更棘手的问题：一是若保留庞大的冲锋队，他将很难向欧洲各国作出恰当解释，德国外交将因此而陷入难堪境地；二是如果把国防军得罪了，他继承兴登堡的总统职位的目的就难以达到。经过慎重考虑，希特勒决定牺牲冲锋队。其实早在行动之前，他就已经得到承诺：如果他这么做，军界就会支持他继任总统。

于是希特勒便以冲锋队阴谋"二次革命"为借口，顺水推舟地将除掉惹是生非的冲锋队和取悦资产阶级这两个目的在政治清洗中实现了。

归根结底，上述四条都可能引发希特勒下决心血洗冲锋队，但是这只是猜测，事件的真正原因仍未浮出历史的水面。

巴尔干的政治纠纷之谜

战争的动力是欲望，而要取得战争胜利的保障则是后勤支援，在战争中人们对后勤的关注要远大于对战争的关注。由于以上原因，二战时期巴尔干半岛便成了兵家必争之地，同时那里也留下了许多难解之谜。

资源丰富的巴尔干

巴尔干地区不仅是希特勒第三帝国的东部前线，而且其丰富的自然资源优势，尤其是战略资源——石油，更为纳粹德国提供了强大的后勤支援。同时，巴尔干地区的保加利亚、罗马尼亚和匈牙利还为德军提供了十多万的兵力。这里可谓是一块宝地，希特勒对这块宝地是如何伸出他的魔爪的呢？

保加利亚是一个山地国家，长约六百千米，最宽处约三百千米，位于黑海之滨，南接希腊，北临罗马尼亚。保加利亚在战争中扮演了一个十分奇特的角色。1941 年 12 月 11 日，保加利亚君主鲍里斯三世对英美宣战。然而，对于与德国作战的苏联，他却采取避让态度。

1942 年末，希特勒在东普鲁士的指挥所收到报告，称鲍里斯三世暗中有意将保加利亚从轴心国集团分裂出去。希特勒马上警觉起来，随即一场闻名于世、长达几十年的政治纠纷就这样发生了。如果保加利亚从轴心国集团分裂出去，希特勒将会面临失去整个巴尔干半岛的危险。为此，希特勒在巴伐利亚紧急召见了鲍里斯三世。鲍里斯三世在希特勒的一顿愤怒的训斥后，保证保加利亚不会离开轴心国集团。

此时，苏联领导人斯大林也没有放松对保加利亚的关注，他还想将共产主义的种子播撒到整个巴尔干半岛，他的目光主要放在这里丰富的资源上。希特勒听信了英国和美国特工散布的谣言，认为盟军要攻打保加利亚，他迫不得已将兵力集中到保加利亚，因此西欧的压力得到很大的缓解。

鲍里斯暴死之谜

1943 年 8 月 28 日，鲍里斯三世暴死于自己的官邸中，这距离他结束同希特勒的不悦会谈仅几个月的时间。纳粹宣传部长戈培尔声称鲍里斯三世是中了一种罕见的蛇毒而亡的。

很明显，鲍里斯三世死于谋杀。然而，谋杀者又是谁呢？德国人、英国人、美国人、苏联人，甚至保加利亚本国人都有可能。皇帝的突然死亡在保加利亚国内引起了不安和骚动。

1943 年 9 月 8 日，保加利亚为了免遭苏联人的进攻而倒戈对德国宣战。保加利亚动用五个师的兵力到前线与德军作战。讽刺的是，这些部队竟完全是希特勒下令用德式装备武装起来的。在这两个前盟友开战的同时，保加利亚的摄政委员会在莫斯科与英国、美国和苏联签署了停战协定。

然而，协议签订后不久，斯大林就派乌克兰第三方面军进驻保加利亚。保加利亚共产党接管了政权，摄政委员会的成员遭到逮捕并被处死。接着，保加利亚在全国范围内掀起了清算叛国者的运动。其实，正是鲍里斯三世的死引出了上述事件，然而其真正的死因却如石沉大海，不得而知了。

保加利亚皇帝鲍里斯三世

是谁处死了墨索里尼

1945年4月28日，臭名昭著的意大利法西斯领袖墨索里尼及其情妇被处死，次日上午，他们的尸体被运到米兰并吊在市中心的洛雷托广场上，那么谁又是死刑的执行者呢？

罪有应得的墨索里尼被处死

1945年4月28日，意大利法西斯领袖墨索里尼及其情妇克拉拉被意大利民族解放委员会宣布处死。在科莫湖边的科莫村外，墨索里尼被枪决。次日上午9点半，墨索里尼及情妇的尸体被拉到了米兰，即法西斯的诞生地。他们的尸体被吊在市中心的洛雷托广场上，引得人们蜂拥围观。尽管墨索里尼确实应该得到此般凄惨的下场，但是作为一名战犯，他的死并不符合法律形式。

应如何处置墨索里尼

国际方面与意大利游击队对如何处死墨索里尼存在很大分歧，

这里面也有一些"内幕"。1943年，由于意军的一系列军事失利和国内反法西斯运动的高涨，墨索里尼的统治摇摇欲坠。1922年，意大利国王伊曼纽三世曾经让墨索里尼组建内阁，此时国王也不得不考虑王室的

二战时期的墨索里尼和希特勒

出路了。7月25日晚，意大利对外宣布逮捕了墨索里尼，并已将他关押起来。盟军也及时得到消息：墨索里尼被抓住了。盟军通知游击队，要求他们将墨索里尼押送到米兰，交由国际军事法庭进行审判。游击队内部在这一问题上产生了许多不同意见：有的人认为墨索里尼应交给盟国，让国际力量来审判他；有的人则认为应将他交给意大利人民来审判。一时之间，众说纷纭，莫衷一是。

对于具体的执行者也有很多说法。有人说是意大利民族解放委员会联络官瓦尔特·奥迪西奥执行的，也有人说是加里波第旅副旅长兰普雷迪执行的，但都没有定论。至今，人们仍无从得知游击队内部的分歧是怎样得到统一的，盟国也只收到了上述两种不同的答复。然而，这一切已经化为历史的尘埃了。

刺杀肯尼迪的凶手之谜

美国历史上最年轻有为的总统约翰·肯尼迪，在就任刚刚超过 1 000 天时遇刺身亡。在其死因调查过程中，被调查人员中的 200 人相继丧生，使这件总统被刺事件的真相变得更加扑朔迷离。

年轻有为的总统

约翰·肯尼迪是美国历史上最年轻、最有作为的总统之一，也是美国第一位出生于 20 世纪的总统。不幸的是，在他任职刚刚超过 1 000 天的时候，就遇刺身亡，究竟是什么人要向总统下手？一时之间，人们议论纷纷。

1917 年，肯尼迪出生于马萨诸塞州波士顿市郊的布兰克林，家中有 9 个孩子，他排行第二。他的家庭背景很好，在经济和政治上都颇具实力。其外祖父是波士顿市市长，父亲则是美国驻大不列颠的大使。肯尼迪毕业于哈佛大学，二战中参加过海军。1946 年，他开始在波士顿地区竞选众议院议员，1952 年，又成为马萨诸塞州参议院议员。1961 年，肯尼迪当选为总统，成为美国有史以来最年轻的总统，当年他才

43 岁。

在就职演说中，肯尼迪号召人们参加斗争，反对人类的共同敌人：苛政、贫困、疾病和战争。任职期间，他敦促国会采取"新边疆"计划，在外交上主张有力的、富于想象的和有实效的领导，使美国政府出现了高效率、生机勃勃的工作氛围。他本人也被视为集智力、活力、魅力和勇气于一身的领导者。

危险的得克萨斯之行

1963 年 11 月 21 日，肯尼迪应副总统林登·约翰逊之邀，前往得克萨斯。那里是美国极右势力聚集的中心，其犯罪率高居美国榜首，达拉斯市更是全州犯罪率最高的城市。总统之行也包括达拉斯。在此之前，参议员富布赖特、弗莱和众议员博格斯都曾劝他不要去达拉斯，然而为了缓和与约翰逊的关系，他只能前往。

肯尼迪得克萨斯之行的第一站是圣安东尼奥，第二站是沃思堡，第三站就是达拉斯。11 月 22 日上午 11 时 40 分，他乘坐的"空军一号"总统专用飞机抵达达拉斯机场，同行的还有得克萨斯州长约翰·康纳利。在机场，总统受到了热烈欢迎。11 时 50 分，总统车队驶离机场，穿过达拉斯闹市区，前往该市的贸易中心，他将在那里发表演说。沿途不断有人群欢呼，他挥手向人们致意。12 时 30 分，当车子驶上埃尔姆大街时，突然响起沉闷的枪声，肯尼迪夫人杰奎琳扭头发现，丈夫的后脑开始大量出血，他整个人已瘫倒下来。州长康纳利也受了伤。肯尼迪立刻被送往医院，但不幸的是，他在途中就已身亡了。肯尼迪是美国历史上第四位

美国总统肯尼迪

被刺身亡的总统，去世时年仅 46 岁。

凶手之谜

　　肯尼迪的死无疑像一枚炸弹，在美国掀起轩然大波。人们纷纷猜测总统的死因，究竟是谁要杀害总统呢？

　　肯尼迪被刺的当天下午，警方逮捕了一个名叫李·哈维·奥斯瓦尔德的年轻人。他被指控是杀害肯尼迪的元凶，因为有人看到在总统被刺时，有一个体貌特征与他相似的人出现在子弹射出的窗口附近，而且在现场也发现了他的指纹；他还曾经订购过一支意大利造的步枪；枪击案发生后，他在提及此事时还笑了出来；另外，他还有在苏联工作的经历。但是，奥斯瓦尔德本人却矢口否认他杀害了总统。然而，接下来的事更让人们疑惑，1963 年 11 月 24 日上午，在警察押着奥斯瓦尔德由拘留所前往侦讯地的途中，一个名叫杰克·鲁比的夜总会老板竟在众目睽睽之下，向奥斯瓦尔德的腹部开了

肯尼迪总统坐在车上受到人们的热烈欢迎，但就在那一瞬间，惨剧突然发生了

一枪，致其死亡。鲁比被捕后否认他杀死奥斯瓦尔德与谋杀总统的密谋有关，只说自己是出于对总统夫人的同情，想为总统报仇。鲁比于 1964 年 3 月被判刑入狱，1967 年 1 月因患肺癌死于狱中。然而，关于肯尼迪被刺的真相反而变得更加扑朔迷离了，有关其死因的调查更是迷雾重重。

据说，就在肯尼迪遇刺一个

肯尼迪发表演说

星期后，接替他就任总统的原副总统林登·约翰逊就下令成立了由七人组成的沃伦委员会，专门调查事件的真相。在联邦调查局向其提供的调查报告中，有四点结论：奥斯瓦尔得刺杀总统纯属个人行为，没有幕后主谋；奥斯瓦尔德是单独策划从得克萨斯教科书仓库大楼向肯尼迪开枪；杀害奥斯瓦尔德的鲁比也是单独行动，没有杀人灭口的预谋；在肯尼迪被刺和奥斯瓦尔德被刺的背后，不存在美国国内外任何组织。在沃伦委员会公布以上述报告为基础的调查结果之后，越来越多的美国人开始怀疑其可靠性。而且，据了解，当时肯尼迪总统面临许多人际问题：与两个情报部门关系不佳；与黑手党存在严重矛盾；与副总统约翰逊关系并不融洽。综合以上因素，很难让人相信刺杀总统事件只是单纯的个人行动。而且，被调查的 552 名证人中，已有 200 人相继丧生，肯尼迪的弟弟罗伯特也在其中。

有人证明，奥斯瓦尔德曾受雇于美国联邦调查局，也有人说鲁比进入警戒范围内并不是由于警方的疏忽，而是警方的故意协助。在 1963 年 11 月 21 日晚，曾有人目睹奥斯瓦尔德与鲁比的会面。由此，一些人推测，肯尼迪的死是美国联邦调查局委托他人所为；也有人认为，刺杀肯尼迪兄弟的凶手是他们的敌人黑手党所为。1988年，肯尼迪的情妇朱迪思·坎贝尔向公众披露总统与黑手党的关系。

达拉斯是美国得克萨斯州第三大城市。 1963 年 11 月 22 日，肯尼迪总统在这里遇刺

据说黑手党曾为肯尼迪在弗吉尼亚州竞选中捐了巨款，而肯尼迪的胞弟——司法部长罗伯特·肯尼迪却派人调查黑手党，这引起他们的强烈不满。1990 年，一个名叫珍尼佛·怀特的妇女声称，她的丈夫罗克斯曾在美国中央情报局担任杀手，而且与奥斯瓦尔德和鲁比同是好朋友，她曾听他们议论过刺杀肯尼迪之事。1971 年，罗克斯在一次奇怪的爆炸中丧生，珍尼佛的儿子于 1982 年发现罗克斯的日记，其中记录了他与奥斯瓦尔德和鲁比策划刺杀总统的过程。但在 1988 年，联邦调查局取走了这本日记。然而多年后，当年的副总统约翰逊的情人马德莱娜·布朗声称刺杀事件完全是约翰逊所为，是由得克萨斯州石油大亨哈罗德森·亨特出钱，约翰逊谋划的。他们还通过一级级的联系，买通了达拉斯市的警察局。

1978 年，美国众议院组建了特别暗杀委员会对这一事件展开调查，初步判定"肯尼迪遇刺案"是一场阴谋，但此后的美国国家研究委员会推翻了众议院的观点。所以，关于肯尼迪遇刺的原因至今未有结果。美国国家档案绝密处存有 51 本关于谋杀肯尼迪和奥斯瓦尔德的调查案卷，但从未对公众公开过。

文化艺术

WENHUA YISHU

《汉谟拉比法典》之谜

《汉谟拉比法典》使汉谟拉比王留名后世。《汉谟拉比法典》的内容涉及经济、政治、军事、文化等各个方面，被人们认为是人类历史上第一部较为完备的成文法典。也正是这部法典给人们留下了众多谜团。

发现宝典

作为世界上最早的一部比较系统的法典——《汉谟拉比法典》，在历史上对它的传闻非常多，它究竟是一部怎样的法典呢，在历史中又经历了哪些磨难？

1901 年 12 月，一支由法国人和伊朗人共同组成的考古队，在伊朗西南部一个名叫苏撒的古城旧址上发掘出三块黑色玄武石，考古队将三块玄武石拼在一起，恰好是一个椭圆柱形的石碑。这块石碑高 2.25 米，底部圆周 1.9 米，顶部圆周 1.65 米。石碑非常精美，上图下文。石碑上半段的精致浮雕上是古巴伦人崇拜的太阳神沙马什，神端坐于宝座上，而古巴伦国王汉谟拉比恭敬地站在他的面

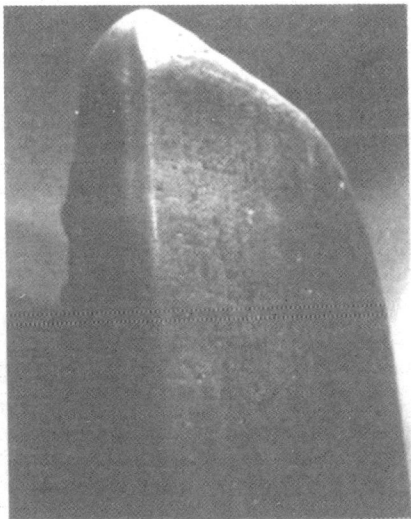

前。沙马什将象征着帝王权力的权杖授予了汉谟拉比。在石碑的下半段，刻着一部由汉谟拉比制定的法典，用楔形文字写成，其中有些文字已被磨光了。这就是著名的《汉谟拉比法典》。

"古巴比伦之王"汉谟拉比

汉谟拉比是古代巴比伦王国的国王，也是古代著名的政治家。他继承王位之后，首先统一了全国，然后进行对外扩张，最终汉谟拉比统一了两河流域，建立了一个从波斯湾到地中海的中央集权制国家，并自称"巴比伦之王"。汉谟拉比所制定的《汉谟拉比法典》是古代最著名的法典之一。这部法典的内容涉及经济、政治、军事、文化等多个方面。在汉谟拉比逝世后，巴比伦王国逐渐走向衰落，不久便灭亡了。

法典之谜

在公元前1163年，埃兰人攻占了巴比伦，随后，就把刻着《汉谟拉比法典》的石柱作为战利品带回了苏撒。后来埃兰王国又被波斯所灭。

公元前6世纪，波斯帝国国王大流士镇压高墨达起义之后，又把波斯帝国的首都定在苏撒，刻有《汉谟拉比法典》的石柱便又落到了波斯人的手中。但至此以后，法典便神秘消失，再无人知晓它的踪迹。几千年之后，这根刻有法典的石柱又被人们发掘出来，得以重见天日。但人们惊奇地发现，石柱的正面已经被损坏。

根据传说，埃兰国王曾打算在石柱上刻上自己的功绩。然而，为什么石柱不仅没有刻上新字，反而被损坏了呢？《汉谟拉比法典》究竟经历了怎样的劫难呢？这一切至今仍是一个谜。

《汉谟拉比法典》铭文

古埃及金字塔之谜

在人类文明史上有一项伟大的奇迹，始终是一个谜，它就是金字塔。它闪烁着神奇的智慧光芒，屹立于古老的尼罗河畔长达数千年之久。但是金字塔的起源却成为历代研究者争论的焦点，说法不一。

在中世纪，很多学者认为，在埃及粮食充裕的时期，金字塔是被用来储藏粮食的大仓库。近几年来，金字塔被人描述为与日晷仪和日历、天文观测台、测量工具，甚至与神秘的外星生命有联系的东西——人们把金字塔当作天外宇宙飞船的降落点。

"金字塔是法老们的墓穴"说

大多数有名望的埃及学者认为，金字塔是法老们的墓穴。这种观点得到人们的广泛认同。在尼罗河西岸散建着金字塔，据埃及神话记载，这里联结着通向来世的路。有很多在葬礼仪式中使用的小船在金字塔周围被发现。据说，法老们便是乘坐这些船通往来世的。

许多金字塔中都有石棺或木棺，这早已被证实。19世纪之前，在石棺上或在石棺附近发现的神秘图画，被确定为用来帮助法老们从一个世界通往另一个世界的咒语。

"金字塔是为巩固国家地位"说

研究者们并未在所有的金字塔中找到法老们的尸体，并且有些法老似乎不仅仅建了一座金字塔。

20世纪著名的物理学家库尔特·门德尔松坚持认为，法老们建造金字塔的目的是在到处是散落的部落的时代巩固埃及的国家地位，因此，金字塔不是坟墓。门德尔松的理论使坟墓理论不能解释的问题得以解决。

还有一些人认为金字塔中没有尸体，却有大量的陪葬品，这说明金字塔是衣冠冢——死去的法老们的纪念碑，但不是他们真正的坟墓。

大部分埃及研究者始终认为，即使金字塔兼有其他功用，但终究是作为坟墓的功用才被建造的。许多坟墓环绕在金字塔附近，墓主人的身份、地位应该位于法老之下。

"金字塔是古代建筑进步的标志"说

另外，关于金字塔的一个折中的观点认为，金字塔可以被理解为古代建筑进步的标志之一。这种建筑从矩形、平顶、砖泥结构的坟墓开始，今天我们称之为古埃及墓室（里面曾经发现过尸体）。随后，建筑者将平顶结构垂直垒叠，于是便呈现了今天的"台阶式金字塔"建筑，那些最著名的金字塔至今仍矗立于撒哈拉地区的开罗南部。

　　几乎所有延续埃及文明的东西都关系到了死亡，死亡好像成了他们宗教、文学的诞生灵感。法老们建金字塔的目的不在于今世而在于来生，无论是借助于小船、台阶，还是阳光，成功才是唯一目的。于是，将金字塔建造成可以存放遗体的式样，即坟墓，这是至今相对最合理的推测。

　　不过，科学是永无止境的，历史在延续，人类的天性在于探索无限的未知世界，随着科学的发展，人类探索脚步的加快，金字塔之谜一定会真相大白。也许一个新的、不为人知的理论又摆在世人面前，也许会有一个又一个谜团被解开。

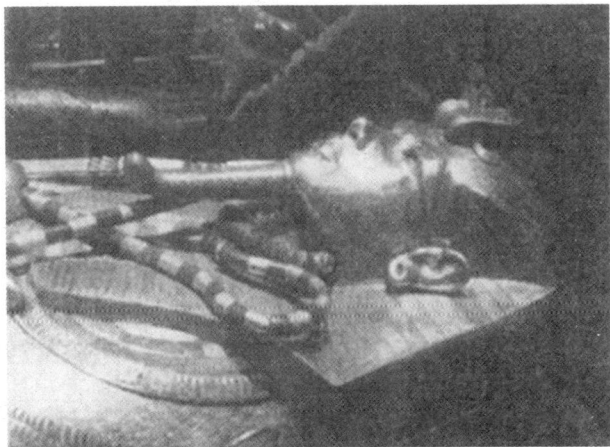

埃及法老图坦卡蒙黄金棺椁

"龙骨"的秘密

甲骨文也叫"契文""卜辞""龟甲文字""殷墟文字"等，是商周时代刻在龟甲兽骨上的文字。但甲骨文出土之初，人们并不知道它的史学价值，而是把它当成了治病的"龙骨"。

"龙骨"的发现

1899年，北京有一位医师，为一个患上疟疾的患者开了几种药。病人的亲属王懿荣，碰巧是位研究古代文字的专家。他发现药方中有一种名为"龙骨"的药物，并不是什么骨头，而是变黄的龟甲，并且龟甲上面还有很多划痕。

王懿荣十分好奇，拿起甲骨仔细观察划痕，竟然出乎意料地发现那些划痕似乎像是某种文字。那些字体既非原始的象形文字，也非现代中国人所使用的表意文字，这显然是一种远古铭刻。因此，王懿荣深信那是约3 400年前的商朝遗物。而在此之前大多数的历史学家都认为商朝只是一段传奇，不可尽信，而甲骨文的发现与解读使这种怀疑烟消云散了。商代的人从此被看成中国文字的创始者。

王懿荣的发现，激起了其他学者和古董收藏家搜寻有铭刻的"龙骨"的兴趣。通过20世纪初期出土的大量器物碎片，人们了解到商代龟甲兽骨上的裂纹不是意外所致，而是有意通过高热烘烤造成的。商朝人认为，裂纹的形状和位置可以预示吉凶，因此在裂纹四周的文字，既记载所占之卜，同时也记录下了卜骨的答案。而商朝人自王公以至庶民，一应事项，都依占卜取舍。

"龙骨" 的出处

但在王懿荣的初步探索之后，仍然有一个重要的问题尚未解答，商朝人居于何地？商代的城市中心究竟在什么地方？

人们在安阳地区不仅发掘出大量甲骨（单是一个坑就有1.7万件），同时还发现了商代都城遗址。根据这些发现，许多考古学家都认为，甲骨是出自商代存在最后一个首都"殷"的所在地。而在华北其他地方，也发现了许多有关商代的证据——一个曾被视为"神话般的"社会，现在终于"重获新生"了。这些珍贵的出土文物不仅具有巨大的史料价值，还为我们研究古代文明给予了极其重要的帮助。

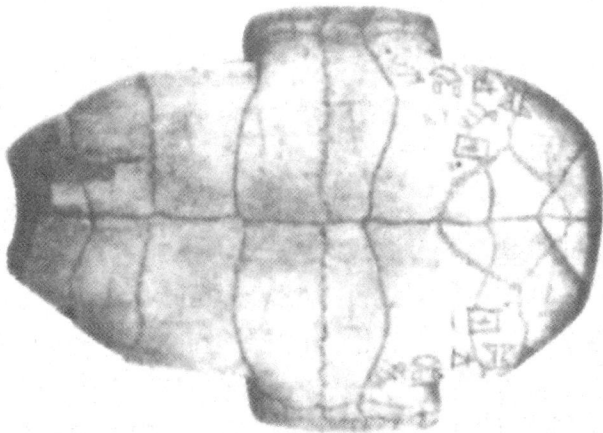

商代甲骨文

玛雅文明高度发达之谜

玛雅人以其聪明才智创造了灿烂的玛雅文明。1576 年，西班牙王室使者迭戈·加西亚在中美洲的丛林中发现了"沉睡"了数个世纪之久的玛雅文明，至此，神秘的玛雅文明终于浮出水面。

公元前 1000 年，玛雅人在危地马拉、洪都拉斯、墨西哥等地过着安定的农业生活，从此，玛雅文明开始形成。

神秘的玛雅文明

根据传统的年表，玛雅文明史可划分为三个阶段：（一）前古典时期，约从公元前 1500 年—公元 317 年；（二）古典时期，从公元 317 年—公元 889 年；（三）后古典时期，从公元 889 年—1697 年。

至此，最后一批有组织的玛雅人被西班牙人征服了。在不同的时期，玛雅文明呈现出不同的特征。

最早的玛雅历法出现于前古典时期。在制作陶器、石雕等方面，南部玛雅人较为见长，而中部玛雅人则擅长建造房基，修建一些有拱顶并添加了灰浆的毛石工程，同时筑有一座座初期的古

碑。而北方的玛雅人既能够制作简单的原始陶制品，还建造了许多大型的宗教设施。

　　大约在公元元年前后，玛雅人独立地创造了象形文字。玛雅人以石碑做年鉴，每20年立一块石碑，以记载发生的重大事件。令人遗憾的是，现得以幸存下来并被公认的只有三本，即《玛雅三抄本》。

　　此外，通晓天文学的玛雅人可以精确地预测日食和月食发生的具体时间，并计算出了金星公转的周期，计算结果和当时的中国与欧洲相比更为精确。他们还制定了太阳历，将一年分为18个月，每月20天，外加5天的1个月，共计19个月计365天，计算时间的准确度超过了当时世界上通用的格列历。玛雅人在数学上也成就斐然，早在公元前3000年，玛雅人就发现和使用了"0"这个数字，比世界上其他民族要早800年。

　　早在古典时期，贸易交换就在南方玛雅人中产生并日益繁荣起来，在后期，北方地区之外的大部分地区都出现了文化衰退现象。中部地区出现了彩陶、石雕、精致的毛石工程、尖顶石碑雕刻及特

玛雅文明是世界著名的古文明之一，也是拉丁美洲三大古代印第安文明之一。图为玛雅文明遗迹

玛雅遗址

佩鸟陶器。

在建筑、雕刻和绘画上，玛雅人更是堪称一绝。雄伟壮阔的宫殿可与欧洲最大的宫殿媲美，无与伦比的石砌金字塔、太阳庙可与埃及金字塔一决高下，那些嵌于建筑物上的巨型石雕更是出神入化，美妙绝伦。

在后古典时期，南方玛雅人被托尔特克人征服。这里的玛雅文明出现了陶制塑像，在山岗顶上建有防御工事。后来，北方玛雅人也被托尔特克人征服，并在奇琴伊察形成了一个巨大的统治中心，人们崇拜"库库尔坎"——长羽毛的蛇神。玛雅人将奇琴伊察遗弃后迁都玛雅潘。

玛雅文明神秘消失之谜

公元 10 世纪末，玛雅人抛弃了自己辛勤建造起来的繁华城市，躲进了深山老林，他们这种背弃文明、回归蒙昧的做法是出于自愿，还是另有原因呢？

史学界对此猜测不已。有的说他们可能是受到外族侵犯，有的说他们可能受到气候骤变、地震等自然灾害的影响，因而大规模地集体迁移。可是这些假设和猜测都不具有说服力。

"空中花园" 的建造者之谜

古巴比伦的"空中花园"是世界古代七大奇迹之一，传说中它的神奇令人啧啧称叹。但是人们并未目睹过其壮观美景，因此不免让人产生怀疑，它是否真实地存在过？

"空中花园" 为尼布甲尼撒二世所建

传说巴比伦空中花园是新巴比伦国王尼布甲尼撒二世下令所建。因为他美丽的王妃赛米拉米斯常常思念她那山清水秀的故乡，再加上她也不习惯巴比伦炎热干燥的气候和单调的平原景色，所以，尼布甲尼撒二世下令在巴比伦城中建起立体式的空中花园，以博取王妃的欢心。

"空中花园" 为辛那赫瑞布所建

尼布甲尼撒二世建造空中花园的说法已让许多人产生质疑。他们否定了空中花园是在巴比伦时期由尼布甲尼撒二世建造的说法，而认为空中花园应该建在尼尼微，建造者是比新巴比伦国王尼布甲尼撒二世早了 100 年的亚述国王辛那赫瑞布，此种说法从何而来？

"历史之父"希罗多德曾在书中对巴比伦的建筑艺术及装饰艺术进行过赞美，对金碧辉煌的宫殿、华美的神庙、浮雕都曾进行过详尽的描述，"巴比伦的美丽远远超过了世界上的任何城市"。但是对空中花园却只字未提。

同样也是罗马史学家的色诺芬在其著作中赞美了巴比伦城墙的雄伟壮观，但对空中花园也是只字不提。难道根本就不存在这样一座建筑？

而且，人们至今没有找到有关尼布甲尼撒二世建造空中花园的记载，不过在有关亚述国王辛那赫瑞布的许多文献记载中，却不止一次地提到他在尼尼微城中建有一座美丽的花园，并引城外的河水入城中浇灌花木。而辛那赫瑞布的后代也常常提及，他们常在尼尼微这个人造山形花园中以捕杀从笼子里放到园中的狮子和野驴为乐。

在尼布甲尼撒二世去世后的 23 年，波斯人强占新巴比伦，同时将幼发拉底河改道，使其远离巴比伦。依照常理，缺水肯定会使巴比伦的空中花园花木枯萎，不可能葱郁百年。可是在尼尼微发现的浮雕却表明，亚述人不仅采用"水泵"抽水浇灌人造花园，还用水槽将山泉引入园中。即使无人灌溉，花园依然可以苍翠如初。

以上两种说法都言之有理，证据确凿，如此看来，今天的人们不但看不到空中花园的美丽"倩影"，就连它曾经是否存在也成为一个千古之谜。

提到巴比伦，令人津津乐道、浮想联翩的首先是"空中花园"

亚历山大灯塔之谜

据记载，亚历山大灯塔在古时已经与埃及、希腊、巴比伦的六座建筑并称为"古代世界七大奇迹"，而今天人们却再也找不到它了。历史典籍中描绘的那座高耸入云的灯塔仅仅是美丽的传说，还是确实存在呢？

神奇的灯塔

始建于两千多年前的亚历山大灯塔其名气远远超过了金字塔，当时的人们一提到埃及，首先想到的是亚历山大城雄伟而神奇的灯塔，而不是被称为"法老的陵墓"的金字塔。但是，如今人们怎么也找不到亚历山大城的遗址，那座灯塔也消失于历史的长河中。也许历史会给我们一个答案。

亚历山大城是埃及的历史名城，曾与罗马、君士坦丁堡并称为世界三大城市。公元前332年，马其顿帝国国王亚历山大统治埃及时期设计修建了这座城市。处于地中海地震带上的亚历山大城，曾经多次遭受地震之灾，最近的一次发生在14世纪。历经多次地震后，这座城市几乎毁灭。

亚历山大的帝国早已湮没在历史的尘埃中，但这位马其顿皇帝占领埃及后建造并钦定为埃及首都的亚历山大城，在

亚历山大征战雕塑

此后却发生了许多战争和故
事，留下了不少遗迹和传
说……

亚历山大海港曾是地中
海沿岸最大、最繁华的港口，
这些在古希腊的典籍中都有
记载，而今天人们却找不到
这个港口的痕迹了。人们开
始怀疑，历史典籍中所描绘的那座高耸入云的灯塔也许只是一个美
丽的传说。

亚历山大灯塔的由来和逝去

亚历山大灯塔的由来与当时亚历山大城的贸易活动有关。频繁
的贸易往来，各国商船云集大港，迫切需要有一座灯塔来指引船只
夜间安全进出。于是，标志着古埃及人聪明才智的世界伟大奇
迹——亚历山大灯塔，便应运而生了。

有关这个灯塔的来由，还有一个悲伤的传说：公元前 280 年，
一个月黑风高的秋夜，驶入亚历山大港的皇家接亲船不幸触礁遇难，
船上人员无一生还。

这个震动埃及朝野的悲剧，使埃及国王托勒密二世下令在亚
历山大城最大的港口入口处修建导航灯塔。经过建设者的艰苦努
力，一座雄伟壮观的灯塔屹立在法罗斯岛的东端岛岸上一块为巨
浪所冲刷的礁石上。它就是亚历山大法罗斯灯塔，简称"亚历山
大灯塔"。

灯塔的实际位置大约在亚历山大城海滨外 1 000 米处的法罗斯岛
上，灯塔也因此得名。此后西方各国的"灯塔"一词，均用"法罗
斯"（Pharos）音。例如英语的"Pharos"，法语的"Pharos"，意大
利语和西班牙语的"faro"等皆发此音。但是灯塔的实际位置是在距
该岛约十七米的礁石上，并非在岛上。灯塔在风雨中屹立了千年之

久，其上的火炬焰火经年不熄。

这座巨型灯塔屹立了一千多年之久才被地震所毁。从公元前281年建成点燃起，直到公元641年阿拉伯伊斯兰大军征服埃及，火焰才熄灭。灯塔的火焰燃烧了近一千年，这在人类历史上的灯塔中是独一无二的。

曾经雄伟壮观的灯塔

公元前2世纪罗马哲学家安蒂培特的著作曾记载过有关灯塔的情况。该灯塔已经与当时的埃及、希腊、巴比伦的六座建筑并称为"古代世界七大奇迹"。后人对灯塔也有进一步的描述，还画出精细的灯塔图样。

雄伟的灯塔实际上建于公元前281年托勒密王朝的鼎盛时期。灯塔由古希腊著名的建筑师索斯特拉特设计。塔身用白色大理石砌筑，石缝之间用熔化的铅水弥合。塔柱、塔基采用花岗岩石料，并用玻璃片充填。因为当时的科学家和建筑学家一致认定玻璃的耐腐蚀性。

灯塔十分庞大，占地总面积达930平方米，高度达到135米，相当于现代40层的高楼，高出日本现在的横滨港灯塔达28米，与

埃及的吉萨大金字塔相差无几。灯塔共分三部分：一层塔基，向上缩减的塔身，一个塔尖。灯塔内设 300 间厅室，供管理人员和卫兵居住。灯塔宛若一座现代摩天大厦。

　　塔身之上是一个圆形塔顶，塔顶内的导航室中有一个巨大的火炬不分昼夜地冒着火焰。据传，火炬除本身的火焰光芒外，还设有一个凹面盆形镜，反射出的耀眼的光芒，使 60 千米以外的船只都能遥望到灯塔的方位，从而使航船不会迷失方向，顺利驶向亚历山大港。灯塔的塔顶之上铸着一尊高约七米的海神波塞冬的青铜立像，为这座建筑增添了神话与艺术的气息。

　　灯塔不仅外部造型考究，连内部结构也非常严密。塔基宽阔结实，里面有螺旋式通路直达塔顶。塔中层到上层的一段通路还设有台阶，正中间还有运送物品的升降装置。塔内的多个窗口使得灯塔更具有独特的艺术氛围。

　　关于亚历山大灯塔的命运，后人的说法虽不统一，但最终都一致同意了"地震毁坏了灯塔"这一说法。公元 700 年，亚历山大城发生地震，灯室和立像塌毁。公元 880 年，灯塔修复。1100 年，灯塔再次遭到强烈地震的摧毁，仅残存下面一部分，灯塔失去了往日的作用，成为一座瞭望台。后来，人们在台上修建了一座清真寺。

　　1302 年的时候，这里曾经发生了一场大地震。整个城市毁于一旦，灯塔也没有逃脱损坏的命运，但灯塔的塔基仍然存在。然而 1375 年又一次更为猛烈的地震后，全塔毁坏，残存的塔基也倾覆于大海之中，灯塔终于不复存在。随着地层沉陷，法罗斯岛连同附近的海岸地区也慢慢沉入海底，千古奇观从此烟消云散，一点痕迹都未留下。

因为没有真实遗迹保存下来，所以历史学家、考古学家不敢妄下结论，只能寻找能证明灯塔确实存在过的证据。

1978 年—1979 年，埃及考古队借助遥感技术和全球定位技术等现代科技手段，在埃及北部地中海港口城市亚历山大附近的海底，终于发现了古代亚历山大海港的遗址。考古队在当地年迈巫师的帮助下，在海港的水下找到灯塔的遗址。他们还发现了一枚镶嵌着宝石的戒指，这可谓是埃及现代考古史上的一大发现。

今日亚历山大海港又立有一座新灯塔，但比古灯塔大为逊色。1892 年由避暑行宫改建的希腊—罗马博物馆，收藏着亚历山大城零散的文物，展示着亚历山大城饱经沧桑的悠久历史。

如今，一座 1480 年建成的城堡就坐落在古时灯塔的遗址上。城堡周围还散落着灯塔原来的巨石。而灯塔曾经的历史，早已消逝于茫茫的大海中。

印度尼西亚"千佛寺"之谜

释迦牟尼被公认为佛教的创立者，佛教发源于印度，但是世界上最大的佛教建筑却在印度尼西亚，而并未建在印度，这对佛教发源的国度——印度，可谓是一件令人称怪的事。

文明奇观——婆罗浮屠

印度尼西亚的婆罗浮屠被列为东方文明的四大奇观之一，也是世界石刻艺术宝库之一。在佛塔的基座上雕刻有 160 块浮雕，都是依据佛经雕刻的。在中部有 5 层塔身和围墙，其上也雕刻了 1 300 块精美的浮雕，浮雕的内容详尽地描述了佛祖解脱之前的日常生活，然而浮雕上并非都是佛教的传说，有一些内容则是来自民间的传说，浮雕上人物被刻画得栩栩如生。除了浮雕之外，这里还有 423 尊塑像。

这座佛塔的名字中融合了印尼文化，并非印度佛教文化简单的移植。"婆罗"一词来自梵文，是"庙宇"的意思，"浮屠"是古爪哇文，意为"山丘"，"婆罗浮屠"即为"山丘之庙"。佛塔的数量很多，佛像也很多，庙中有一千多尊佛像，大型浮雕一千四百余块。所以，在爪哇历史中，这座佛塔又被称为"千佛寺"。佛塔被后人发掘出来后，大批学者纷纷前来对它进行研究。然而时至今日，它的秘密越来越多，虽然人们都在努力探索，但都未能揭开这些秘密。

佛塔的建筑年代在史料中并没有明确的记载。根据考古学家

印度婆罗浮屠建筑遗址

们的考证，从由跋罗婆文书写的碑铭上可以推测出，这些建筑历史久远，估计建于公元772年—830年，然而具体时间无法断定。

塔内众多的佛像、雕刻均有着深刻的含义，然而，它却不是容易为今人所理解的。直到今天，世人所能理解的仅为20%。例如《独醒图》是表现富贵不能淫；《救世图》是赞扬佛的慈悲宽宏；《身教图》则是教育人们不要冤冤相报。其余大部分佛像雕刻今人都已经很难准确理解其深刻含义了。

还有一个出现许多巧合的现象就是数字。婆罗浮屠的整个建筑，多次用到了8、10等数字。在3层圆台上小舍利塔的数目分别为32、24、16，在塔内共有504尊佛像，全部都是8的倍数。佛塔建筑中所有舍利塔的数目都是73，而73的个位与十位数之和恰好是10，这是佛教中一种圆空、轮回的教义的体现。另外依据传说，原本塔内有505尊佛像，但现在只剩下504尊，这是由于原来的佛像修行圆满，涅槃远走高飞。原佛像数505这三位数之和也是10，这与舍利塔的总数目具有相同的道理，即从0出发，经过9个实数后，再回复到0，故10等于0。由此可见，佛像在数字方面时时都注意体现教义。

随着佛塔神秘面纱的揭开，也许会出现越来越多的类似之谜，虽然人们目前还无法完全去破译这些谜的谜底，但是相信随着时间的推移和科学技术的发展，有关神秘的千佛寺的谜底将会完全地展现在世人面前。

吴哥窟湮没之谜

在15世纪上半叶，吴哥王朝被迫迁都金边，曾经繁华昌盛的吴哥城，如今已杂草丛生，逐渐被茂密的热带森林湮没。这座神秘的古城遗留下了一系列的问号和悬案，有待后人去探索研究。

吴哥窟是一个隐藏在密林中的神秘建筑，在其中生活着的人竟然会突然人间蒸发，怎么会发生这种事呢？

神秘的吴哥古城

早在1861年，法国生物学家亨利·墨奥特来到法国领地印度支那半岛（即中南半岛）的高棉，寻找珍奇蝴蝶的标本。深入高棉内地之后，他雇用了四名当地土著充当随从，开始进入一大片阴暗的丛林区。猛然间五座石塔展现在他们面前，特别是中间那座最为雄伟。塔尖映在夕阳里闪闪发光。墨奥特惊叫着奔向前去，迫不及待地一览这座湮没在丛林中的古城。这就是闻名世界的吴哥窟，古名"禄兀"。

吴哥窟占地面积广阔，东西长1 040米、南北宽820米，堪称一座雄伟庄严的城市。几百座设

吴哥窟的石雕佛像

计独特的宝塔高高地矗立着，周围用于灌溉的沟渠宽 200 米，如"护城河"般守护着吴哥窟。建筑物上还刻有许多仙女、大象及其他浮雕，尤以 172 个人的"首级像"最为壮观雄伟。在这座古窟中有寺庙、宫殿、图书馆、浴场、纪念塔及回廊，表示当年在此兴建都市的民族必定是个文化较发达并且有着高超建筑技术的民族。

大吴哥位于吴哥窟的北部，是闍耶跋摩七世统治时期建造的都城。吴哥城规模非常宏伟壮观，护城河环绕在周围。城内有各式各样精美的宝塔寺院和庙宇。吴哥城的中心是巴扬庙，在它的周围有象征着当时 16 个省的 16 座中塔和几十座小塔，它们一起构成了整齐巧妙的阶梯式建筑群。

大约在 12 世纪上半叶，全盛时期的吴哥王朝建造了吴哥古城，在当时，高棉国王苏利耶跋摩二世信仰婆罗门教，为祭祀"保护之神"毗湿奴，于是建造了世界闻名的吴哥窟寺（又称小吴哥）。吴哥古城独特的魅力吸引了全世界人民的目光，它与埃及金字塔、中国长城、印度尼西亚的婆罗浮屠并称为"东方四大奇观"。

　　重新展现在世人面前的吴哥古迹，具有神奇而永恒的魅力，使得世人为之倾倒、赞服，同时又使人们产生了无穷的遐想和诸多疑问。至今为止关于柬埔寨中古时代的史料极其缺乏，因此这些疑问也就成了千古之谜。

　　据说在1431年，暹罗人攻陷吴哥窟仅用了7个月的时间，他们掠夺大批战利品后扬长而去。然而第二年暹罗人再次入侵之时，此处已成了一座"无人城"，空旷死寂，没有一丝生气。

吴哥古城的众多谜题

　　这座空无一人的古城让人们产生了诸多不解：疑点之一是，究竟是何人建造了美妙绝伦的吴哥古城？古城的每一块石头都经过精雕细琢，遍布浮雕壁画，其技巧之娴熟、精湛，想象力之丰富、惊人，令人难以置信，以至于长时间流传着吴哥古迹是天神的作品，不可能出自凡人之手的传说。这些垒砌的建筑，竟没有使用黏合剂之类的物品，仅靠石块本身的重量和形状紧密相接。

　　疑点之二是，研究者通过对吴哥城的规模进行估计，在这座古城最繁荣的时候，至少有100万居民在此生活。然而究竟为何如此繁荣昌盛的城市会湮没在丛林中呢？它的居民为什么都不见了呢？

有人猜测，流行瘟疫或霍乱之类的疾病，致使他们在极短时间内迅速地相继死去。侥幸活下来的人便将死去的人焚化以避免疾病流行，然后便怀着哀伤的心情远走他乡；同时也有人猜测，也许是外来的敌人侵占这座城市后，将城里的所有居民赶到某一地方去做奴隶了；又或者是国内发生了一场大规模的内乱，国民互相残杀，所有的人都被杀戮一空。但这种说法很难令人相信，因为人们在这里并未发现一具尸骨，这实在太不可思议了。

疑点之三是，放弃吴哥城在柬埔寨历史上是具有重要转折意义的，这是强大的吴哥王朝瓦解的标志。既然如此，到底是何种原因造成古城被湮没了呢？中国有一些学者认为此种结局与暹罗人的不断入侵有关，这使得高棉人作出了撤离吴哥城的最终决定。自从暹罗人不断强大之后，高棉人蒙受了深重的灾难和巨大的损失。日益衰竭的国力使得高棉人无法应付暹罗人的侵略，只得采取回避的方式。著名学者沃尔特斯博士也有类似的看法。然而他认为，吴哥王朝的衰弱和抵抗力的丧失，并不完全是暹罗人所造成的，主因应该是高棉王族之间内部矛盾斗争的发展。这时，暹罗人入侵，从而导致了吴哥王朝有了放弃古城之举。

吴哥窟胜景

古印加帝国黄金藏匿地之谜

古老的印加帝国是黄金的国度。这个崇拜太阳神的部落留给人们太多关于黄金的传说，古往今来，吸引了无数寻宝人的目光和探索者的脚步，谜底尚未揭开，一切皆有可能。

早在 15 世纪中期，在秘鲁的利马附近有一个土著印第安部落，他们采取兼并邻近部落的方式建成了一个奴隶制国家——印加帝国。传说，印加人对太阳神极其崇拜，因为黄金发出的光芒同太阳的光辉一样耀眼，于是他们特别钟爱黄金，想方设法积攒黄金。印加帝国的黄金建筑、饰品等数不胜数。国内所有的宫殿和神庙都用大量的黄金建造，大部分印加人都佩戴黄金饰品并收藏黄金。

贪婪的殖民地

有关印加帝国黄金的传说，在当时勾起了一些殖民主义者的占有欲望。

1525 年 1 月，西班牙殖民者弗朗西斯科·皮萨罗率领西班牙殖民军，开始入侵印加帝国，一心想把印加帝国的巨额黄金掠为己有。1532 年，皮萨罗率军攻占了印加帝国的卡哈马卡城后，用计让印加帝国的皇帝阿塔瓦尔帕交出 40 万千克黄金来赎身。阿塔瓦尔帕被迫答应了皮萨罗的要求，于是下令让国民向皮萨罗交纳黄金。但是，当印加人忙着往卡哈马卡城送交黄金的时候，阴险恶毒的皮萨罗开始贪心起来，他忽然反悔，出其不意地以谋反之罪处决了皇帝阿塔瓦尔帕。

皮萨罗处决了印加皇帝后不久，他便率兵攻进了印加帝国的首都库斯科城。他满心以为，这下可以把印加人历来聚敛的黄金全部劫掠到自己的手中。但事与愿违，皮萨罗率军占领库斯科城之后，到处搜寻黄金，他们费了九牛二虎之力，虽然也看到了一些用黄金装饰的庙宇和宫殿，而且在库斯科城近郊的一个洞穴里也发现了一些黄金器皿和一些金子做成的螃蟹、蛇、鸟等珍贵的物品，但并未找到传说中那么多的黄金。

皮萨罗非常生气，发誓一定要找到黄金。

有一天，皮萨罗听一个印加人来报告说，在印加国内的维拉贡加镇附近有一个洞穴，那里藏着皇帝的弟弟阿斯卡敛集的大量黄金。皮萨罗非常兴奋，随即集合军队，做好前去维拉贡加镇的准备。但是，就在一切都准备就绪之时，那个前来告知的印加人却离奇地失踪了。于是，派兵寻觅洞穴之事也只好作罢。

1533年前后，皮萨罗不知从哪里得到一个消息说，印加帝国的大量黄金在阿塔瓦尔帕皇帝遭到杀害后，被一部分印加人偷偷地运到了印加帝国的"圣地"——的的喀喀湖中隐藏起来了。很久以来，土著印第安人便在湖的附近生活。传说，印加人携带大量的黄金和财宝迁往的喀喀湖后，随后便乘小筏子划向湖心。划到一段距离之后，他们把所有的宝物都掷进了湖中。皮萨罗获悉后，于1533年

12月，派遣部下迭戈·德尔圭罗与佩德罗马丁内斯前往的的喀喀湖寻宝。但是，他们在湖中搜寻了七八年的时间，直至皮萨罗被暗杀而亡，也未能找到湖中的黄金。

皮萨罗寻找黄金接连遭受挫折，这就使得原来关于印加帝国藏有大量黄金的传说变得更加玄虚起来。当时有不少人开始怀疑传说是无中生有，但是，也有不少人，特别是一些西班牙殖民者对传说却深信不疑。

在皮萨罗之后，一些西班牙殖民者了解到位于印加帝国首都库斯科城北面2千米处有一个名叫萨克萨伊瓦曼的要塞，那里的地道是印加人传统的藏宝之地。他们估计印加人那些黄金就藏匿于此，因此，他们反复前往萨克萨伊瓦曼探宝。萨克萨伊瓦曼要塞建在一个山坡上，共有三道用巨石砌成的墙围着，每道墙高18米。要塞一共有21个堡垒和瞭望台，在山腰较高的一座平台上有一块坚硬的巨石，它是历代印加皇帝检阅印加部队时的宝座。在要塞中有很多建筑，如太阳神庙、竞技场、王室浴室等。要塞中央矗立着一座建筑，如圆塔一般。所有建筑综合起来使得要塞如同迷宫一般，非常复杂，正缘于此，才使得西班牙殖民者的侵略频频受挫。在要塞中费尽心力，也无法找到隐秘的入口。

西班牙殖民者在萨克萨伊瓦曼要塞一无所获之后又听人说：印

据说藏有古印加帝国黄金的的的喀喀湖

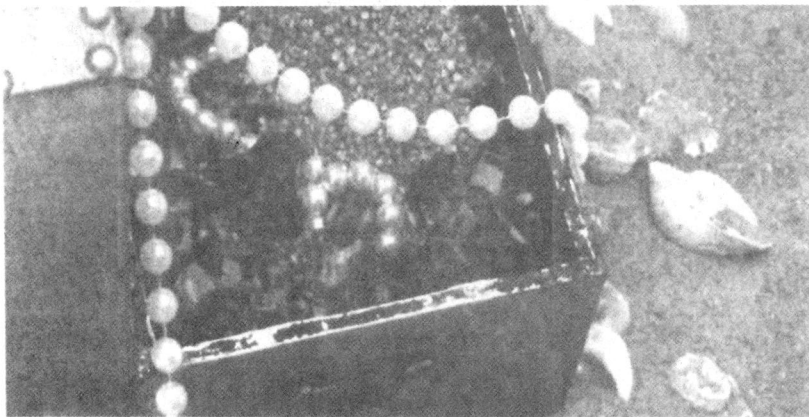

加帝国的大量黄金和珍宝，也许隐藏在安第斯山脉中一个叫作马丘比丘的神秘城堡中。于是，他们又转而找起马丘比丘来。西班牙殖民者在安第斯山脉的群峰密林中出没，但是，一直寻觅了好久，也没能找到马丘比丘城堡的踪影。

大量珍宝杳无踪影

1911 年，有一位美国耶鲁大学专门研究拉丁美洲史的学者，名为海勒姆·宾罕姆，前往安第斯山脉进行考察。他行遍深山密林的每一个角落，终于找到了马丘比丘遗址。之后，他对此处遗址进行了反复细致的勘察。他发现此地地势险峻，常年云雾笼罩，非常隐蔽。城堡内的一个祭台，竟然是用一块一百多吨重的花岗石板筑起来的。还有许多用花岗石砌成的房屋，整个城堡笼罩着一层神秘的色彩。海勒姆在古城废墟中夜以继日地工作，然而，他始终未能寻找到印加人的大量财富，不免有些遗憾。

继海勒姆之后，世界各国的许多科学家都曾经去马丘比丘做过考察。但是，他们似乎并不比海勒姆幸运。他们使用的手段虽然各不相同，付出的劳动代价也大小不一，但是结果却是一样：没有人在此寻觅到一丝线索，因此他们对这座古老的城堡依然一无所知。至于说这里是否真的藏有印加帝国的大量黄金，那更是一个谜中之谜了。

莎士比亚诗中的
"黑肤夫人"之谜

莎士比亚的一生著作颇丰,他的笔下塑造了无数活灵活现的人物形象。"黑肤夫人"是众多人物形象中比较令世人瞩目的一个。她的生活原型到底是谁呢? 是客栈老板的妻子,还是美艳的夫人?

神秘的"黑肤夫人"

莎士比亚一生创作了许多优秀的剧作,如《哈姆雷特》《奥赛罗》等,其表现手法独到,思想深邃,因此享誉世界。此外,他创作的十四行诗隽永、清新,在世界文坛上可谓是独树一帜。"黑肤夫人"就是莎士比亚十四行诗中的一个典型形象。在作家的笔下,"黑肤夫人"被塑造成一位绝色美女,极具诱惑力。后人费尽心思想弄清这位黑眼睛、黑皮肤、黑头发的"黑肤夫人"在现实中的原型究竟是谁。

"黑肤夫人"的真实身份

西方一些研究者认为,这位迷人的"黑肤夫人"就是位于斯特拉特福与伦敦之间的一位客栈老板的妻子。因为莎士比亚诗中描写的内容与这家客栈的情形非常吻合,而且客栈老板的儿子私下里也曾自称是莎士比亚的私生子。

但调查研究后,研究者们发现,那家客栈在"黑肤夫人"问世之时尚未存在。显然这在时间上便有所出入。大部分人认为,宫女

莎士比亚画像

玛丽·菲顿就是作品中"黑肤夫人"的原型。玛丽·菲顿是一位美艳照人、放荡不羁的佳人，同许多风流男子及达官贵人关系暧昧，而且常常毫无顾忌地与她的情人幽会。尽管后来她被逐出王宫，但她一刻也未停止对浪漫、风流的追求。然而，"黑肤夫人"是一位有夫之妇，这一点与独身的玛丽·菲顿并不一致。

还有一些人认为，莎士比亚的妻子安娜就是"黑肤夫人"的原型。在莎士比亚的眼中，安娜是最多情、最美丽的女子。

这位"黑肤夫人"究竟是谁呢，她是否真的存在，还是只是一个虚无缥缈的人物呢？人们无从考证，这是莎士比亚留给后人的一个未解之谜。

莎士比亚雕像

第一颗原子弹发明之谜

任何事物的发展都有正面和负面的影响。科技的进步有时却意外地带来了人性的退步。是谁发明了第一颗原子弹已经不再重要，重要的是它带给人们的是福音还是灾难？

原子弹的发明给世界带来了灾难

在 20 世纪，人们利用铀或钚重原子核裂变发明了原子弹，其原理是由于裂变可以在瞬间释放出巨大能量，从而起到杀伤破坏的作用。当引爆爆炸装置时，核原料超过临界量，在中子的作用下，引起核裂变的链式反应，在极短的时间内会释放出巨大能量，发生猛烈爆炸，杀伤力极强。1945 年 8 月 6 日 9 时 15 分，日本广岛的大地剧烈震颤，一股飓风挟带着震耳欲聋的吼声呼啸而来，瞬间，拥有几十万人口的城市被夷为平地。这是因为美国空军部队在这里投掷了人类第一颗原子弹。原子弹爆炸时释放的巨大能量造成了人类历史上一次巨大的灾难。

在第二次世界大战期间，交战各国为了取得战争的主动权，开始争相研制新型武器。在当时，从原子核裂变中获取巨大能量的实验已经成功完成，哪一国能够率先把它转为实用，造出原子弹，就会取得战争的主动权。

德国在早期核物理研究方面处于领先地位，在1938年时，德国物理学家便成功完成了中子轰击铀原子核的实验。只要将这一技术转为实用就能制造出第一颗原子弹。纳粹德国在1942年6月召开了有关研制发明原子弹的会议，会议由希特勒的军备部长施佩尔主

被称为"原子弹之父"的费米

持，讨论原子弹何时能制成的问题。但由于缺乏金属铀和重水，研制工作难以顺利完成。不久，为德国生产重水的挪威重水工厂还遭到了挪威抵抗力量和英国特工人员的破坏，生产设备严重受损。这使德国研制原子弹的工作受阻。外加希特勒对这一花费巨大的工作也缺乏兴趣，投入的人力、物力很少，这使得德国最终未能成为第一个发明原子弹的国家。

美国发明了第一颗原子弹

第一颗原子弹一般公认是美国发明的。第二次世界大战期间，为了抢在纳粹德国之前造出原子弹，美国曾专门制订了"曼哈顿工程"计划，聘请了数万名科技、管理人员，耗费了20亿美元的巨款，经过近6年的研究终于将原子弹研制成功。

当时流亡在美国的匈牙利物理学家希拉德和意大利核物理学家费米意识到德国存在发明原子弹的危险性。于是他们与另外一些因躲避纳粹迫害而流亡美国的欧洲科学家联合起来，写信给美国总统，由闻名遐迩的大科学家爱因斯坦亲自送交罗斯福总统。在白宫二楼的书房里，罗斯福的私人顾问萨克斯讲了一个拿破仑的故事，由于他不重视发明家富尔顿提出的制造汽船的建议而使作战计划受挫，用此来引起罗斯福对研制原子弹的高度重视。促使了美国政府最终

下定决心要赶在德国之前研制原子弹。

1939 年末，在罗斯福总统的指令下，美国组成了一个代号为"S-11"的特别委员会。

委员会最初的两年主要是以研究浓缩铀以及实现核裂变的链式反应为任务。但科学家们所需要的铀-235 是一种非常稀有的同位素，在当时，全世界的纯铀储量只有几克，因此根本问题是要解决如何可以生产 10 千克纯铀的问题。科学家发现可以采用化学的方法将铀-235 转变成为

此图为日本广岛市中心矗立的"和平纪念碑"（纪念碑的形状为原子弹的造型）

一种高度裂变的新元素——钚。之后科学家们证实，在中子轰击下的钚原子同铀-235 的原子一样易于裂变。这意味着用钚做核炸药同样能制出原子弹。

太平洋战争的爆发，促使美国加快了研制原子弹的进程。

1942 年 8 月 11 日，美国陆军工程兵团建筑部副主任格罗夫斯将军主持了"S-11"，并同委员会的科学家及高级行政管理人员商议，制订了名为"曼哈顿工程"的计划，并建立起一个研究中心。美国政府投入了巨大的人力、财力在原子弹的研制工作上。在这个研究中心里人才云集，诺贝尔奖获得者可以排列成行，在有些部门里，博士比办事员还要多。

在 1942 年底，科学家成功完成了链式反应实验，原子弹的研制工作取得了重大进展。两年之后，格罗夫斯将军宣布：美国有望在 1945 年 8 月制造出第一颗原子弹。

1945 年 7 月，美国在新墨西哥州的一片荒漠中进行了首次原子弹实验。原子弹爆炸时发射出耀眼的光芒，熔化了一座几十米高的

爱因斯坦的相对论为原子弹的发明
提供了理论基础

铁塔。有一位双目失明的妇女在很远的地方高声叫喊，说她看见了亮光。当地的报纸则称："有一处军火库发生了爆炸。"首批用于实战的两颗原子弹制造完成，由于这两颗原子弹的外形一枚瘦长一枚短粗，所以将它们命名为"瘦子"和"胖子"。

1945 年 8 月 6 日，一架 B－29 轰炸机载着一颗新制成的"瘦子"从提尼安岛起飞，将其投在日本的重要军事港口广岛上空。45 秒钟之后，原子弹在距地面 550 米高的空中爆炸。在爆炸的中心地区，强烈的光芒使人双目失明，10 亿度的高温使地面上的一切都化为灰烬。城市中到处是死者的残骸和伤者的呻吟。同年的 8 月 9 日，美国又在长崎投下了"胖子"。

事后，美国战略轰炸统计局估算，约有三万五千人死亡，60 000 人受伤。

"瘦子"和"胖子"两颗原子弹的投掷，加速了法西斯帝国主义的灭亡，缩短了战争的过程。但是美国帝国主义用原子弹残忍地屠杀手无寸铁的平民，这一行径遭到了热爱和平与正义的人民的强烈反对。

除了德国和美国在进行原子弹研制外，另外也有些国家进行了相关研究。1941 年 10 月，英国成立了发明原子弹的政府机构，代号为"合金管"。但是在敌机频繁空袭的环境下，这一工作很难在英国本土进行。后来，英国政府同意将这一机构并入美国的"曼哈顿工程"计划。

苏联研制了第一颗原子弹

近年来，有人对美国最早发明出原子弹的传统说法提出了质疑。

在卫国战争后领导苏联原子弹研究的物理学家库尔恰托夫塑像

根据解密不久的相关档案，他们提出了新的观点，认为是苏联发明了世界上第一颗原子弹。墨西哥的一家报纸上曾刊登了一篇文章报道了这件事。

在第二次世界大战前，纳粹德国正在从事铀原子裂变的试验时，斯大林也从一些本国的科学家处了解到，利用铀的原子裂变可以研制出杀伤力极大的核武器。此时，苏联研究核物理的主要科学家大部分因在肃反中受到牵连而被关在西伯利亚的集中营里。1938 年初，斯大林派人到各个集中营找到了相关的科学家，将他们送往西伯利亚荒原中的实验基地，由库尔恰托夫和卡尔察主持原子弹的研制工作。虽然这些科学家曾身陷囹圄，但出于对祖国的热爱，他们每天都在实验室里工作 12 个小时以上。

1939 年 3 月，希特勒向捷克斯洛伐克出兵，与苏联的战争一触即发。在此危急时刻，斯大林亲自在克里姆林宫召开会议，对这些科学家说明：能否先于德国拥有原子弹是关系到祖国安危的一件大事。经过几个小时的讨论，斯大林和科学家们计划在四年内研制出原子弹。会议召开之后，西伯利亚实验基地的研制工作更是夜以继日地进行。斯大林派去的代表也时常提醒疲倦的科学家们牢记斯大林的叮嘱。

1941年6月22日，300万德军突然向苏联发动袭击。年底时，兵临莫斯科城下，前线告急。然而苏联政府在全国物资供应紧张的局面下，向西伯利亚实验基地的供应却有增无减。随着苏军的顽强反抗，战局完全扭转。1943年夏天，德军在库尔斯克会战中惨败。苏联利用常规武器打败了德国，因此斯大林对研制原子弹便不再那么迫切了。在1943年9月，斯大林收到来自西伯利亚的急电，告知第一颗原子弹研制成功，一切已准备就绪，将于9月10日在无人的湖心岛上进行试爆。然而斯大林并未前往观看，只是派了马林科夫率人前去。

这颗原子弹的重量只有两年后美国在广岛投下的"瘦子"的1/10。启动控制装置后，科学家和观看试爆的人大多躲到很远的地下掩体里。但是物理学家别特尔萨克却低估了原子弹的威力，未进入混凝土掩体，其尸体被炸得不见踪迹，成了原子弹的第一个受害者。后来因经费不足，苏联研制原子弹的工作被迫延缓下来，直到1949年才试爆了一颗与"瘦子"的威力相仿的原子弹。

但是，事情若真是如此，那么，为什么在苏联出版的著作中对此事从未提起，这并不符合苏联喜欢宣传本国是世界第一的习惯。这就给"谁是发明第一颗原子弹的国家"的问题带来了诸多疑问。

究竟是美国还是苏联最先发明出原子弹的并不重要，重要的是，在二战时期纳粹德国没有发明第一颗原子弹，否则，现在的人们将会生活在怎样的世界里呢？

原子弹爆炸产生的蘑菇云

"阿波罗登月"真伪之谜

美国"阿波罗11号"宇宙飞船实现了人类登上月球的梦
想，这曾经是一件多么激动人心的事情啊！然而，随着一系列
反面证据浮出水面，"阿波罗登月计划"的真实性遭到了质疑。

阿波罗是否"登月"成功

1961年美国开始实施载人登月计划，于1972年结束。在此期间
美国总共发射了17艘飞船，其中6艘登月成功。宇航员在月球表面
步行或乘坐月球车，对月球进行了十多项科学实验和地质探测，并
且在月球表面安置了测震仪、激光反射器等设备。并将月球的岩石、
土壤样品及照片底片带回地球。

1969年7月，美国"阿波罗11号"宇宙飞船"实现"了人类
首次登月的壮举。自称第一个踏上月球表面的宇航员阿姆斯特朗向
全世界宣布："这是我个人的一
小步，却是人类的一大步。"全
球数以万计的人都通过电视屏幕
看到了这一激动人心的场面。

但在2000年7月中旬，墨
西哥《永久周刊》的科技版刊
登了一篇题为《本世纪最大的
伪造》的文章，作者是俄罗斯
的研究人员亚历山大·戈尔多

媒体刊登的美国宇航员阿姆斯特朗在
月球表面行走的照片

夫，他对美国于 31 年前拍摄的有关登月时的照片提出质疑。此后许多报刊纷纷转载这篇文章，并引起了读者的广泛关注。霎时间，沉寂了许久的关于"阿波罗登月"真伪的讨论再次火热起来。据美国一家社会调查机构统计，竟有大约 10%（约二千五百万）的美国人认为：所谓"阿波罗登月"，是美国宇航局编造的一个大骗局。但令人奇怪的是，迄今为止，美国官方对此没有任何正面反应，而美国宇航员尼尔·阿姆斯特朗仍然健在，为何不让他出来澄清此事？是美国政府对此不屑一顾，还是确有其事？

人类实现了首次登月的壮举

按照人们普遍接受的观念，在 20 世纪 50 年代末至 60 年代初的航天竞赛中，处于劣势的美国人决心不惜任何代价，重振昔日科技和军事方面领先的雄风。1961 年，美国总统肯尼迪正式宣布，在 60 年代末美国将要实现把人送上月球的目标。这就是举世闻名的"阿波罗登月计划"。

1969 年 7 月 16 日上午，在美国肯尼迪角发射场，载着"阿波罗 11 号"飞船的"土星 5 号"运载火箭点火升空，开始了人类登月的首次太空飞行。参加这次飞行的有美国宇航员尼尔·阿姆斯特朗、埃德温·奥尔德林、迈克尔·科林斯。美国东部时间下午 4 时 1 分 42 秒，阿姆斯特朗小心翼翼地将左脚踏在月球表面上，这是人类第一次踏上月球。随后他用特制的 70 毫米照相机将奥尔德林登陆月球时的情形拍摄下来。他们在登月舱附近插上了一面美国国旗，为了使星条旗在无风的月面上看起来如同迎风招展一般，他们用一根弹簧状金属丝把它舒展开来。接着，宇航员们安置了一台测震仪、一台激光反射器……他们在月面上共停留 21 小时 18 分钟，采集了 22 千克月球的土壤及岩石标本。7 月 25 日清晨，"阿波罗 11 号"指令舱载着三名航天英雄平安降落于太平洋中部海面，登月行动宣告圆满结束。

"阿波罗登月"是一场骗局

　　时隔三十多年后，戈尔多夫公开发表文章对美国拍摄的登月照片表示质疑。他认为，美国宇航员在月球上拍摄的所有照片和摄像记录，都是在好莱坞的摄影棚中制造出来的。他强调这一结论是在进行了认真的科学分析和认证之后得出的。主要理由如下：没有任何一幅在太空拍摄的影像或画面可以在太空背景中见到星星；图像上物品影子的朝向是多方向的，然而太阳光照射物品所形成的阴影应该是同一个方向的；摄影记录中那面插在月球表面上的星条旗在迎风飘扬，而月球上根本没有风，旗子不可能被吹飘起来；从摄影纪录片中人们可以看到，宇航员在月球表面行走如同在地面上行走一样，而实际上月球上的重力要比地球上的重力小很多，因此人在月球上每迈一步的距离就相当于人在地面上跨越了 5 米 ~ 6 米；登月仪器在月球表面"移动"时，从轮子下弹出的小石块的落地速度也与在地球上发生同一现象的速度相同，然而理论上在月球上的速度应该比在地球上快 6 倍。

戈尔多夫表示，虽然他质疑三十多年前美国宇航员"拍摄"的登月照片和摄像纪录，但这并不是否定当年美国宇航员的登月壮举。他认为，美国宇航员在当时确已接近了月球表面，但由于技术原因并未踏上其表面。但美国急于向全世界表功，因此伪造了多张登月照片及一部纪录片，蒙骗了所有人。美国著名工程师拉尔夫·勒内、英国科学家戴维·佩里和马里·贝尔特都对戈尔多夫的这一质疑表示赞同。

无独有偶，自称参与过"阿波罗登月计划"的比尔·凯恩教授曾写了一本名为《我们从未登上月球》的书，书中也列举了有关阿波罗登月计划的一些疑点，甚至认为载有宇航员的火箭确实发射了，但目标并非月球，而是人迹罕至的南极，在那里指令舱被弹出火箭，并被军用飞机回收。随后宇航员在地球的实验室内表演了登月过程，最后进入指令舱，然后被投入太平洋中部，完成整个所谓的登月过程。

"阿波罗登月"的真伪

"阿波罗登月计划"是否是一场骗局的问题在美国引起了争论。以著名物理学教授哈姆雷特为代表的人士支持"骗局论"，他们认为阿波罗登月造假的依据是：

阿波罗登月的照片纯属伪造。根据美国宇航局公布的资料测算，当时太阳光与月面间的入射角仅有 $6°\sim7°$，然而按照那张在月球上插着的星条旗的照片显示，当时阳光的入射角大约近 $30°$。照片中出现的阴影夹角应该在"跨出第一步"的 46 小时之后才可能得到。

阿波罗登月的录像带应该是在地球上摄制的。对录像进行分析，

"阿波罗 11 号"搭载的三名宇航员

宇航员在月球表面上的跳跃达到的高度与在地球上达到的高度相近，这并不符合月面行走特征。

月球表面根本没有安装激光反射器。根据美国某天文台的数据测算得知，如今在地球上用激光接收器收到的反射光束强度仅是反射器反射强度的 1/200。因此，这道光束应该是月亮自身反射的。换句话说，在月球上根本没有激光反射器。而且登月舱研制的速度也很可疑。直到 1967 年 1 月，美国才研制出第一个"土星五号"登月舱，并在 1 月 27 日进行首次发射试验，发射过程中不幸失火导致 3 名宇航员窒息身亡。随后登月舱重新设计，硬件研制推迟了 18 个月，怎么可能在 1969 年 7 月就一次登月成功呢？

对"土星五号"火箭和登月舱的质疑。现代航天飞船仅能把 20 吨载荷送至低轨，然而当年"土星五号"却能轻而易举地将 100 吨以上载荷送上地球轨道，为何后来却弃而不用呢？据说连图纸都没有保存下来。

温度对摄影器材的影响。月面的温度白天可达到 121℃，根据图片观察，相机是露在宇航服外面并未采取保温措施。胶卷在 66℃ 时就会受热卷曲失效，怎么可能拍得了照片？

这些人士认为，对以上这些问题美国政府一直没有做出明确的交代，而知情者可能由于担心生活和自身安全受到影响，甚至有可能直接遭受了胁迫，所以对此沉默不语。令人不得不怀疑登

月事件的真伪。

不过，仍有许多人认为"阿波罗登月计划"不可能造假：

首先，因为该计划当时是在全球进行实况转播的，数亿人亲眼观看。此外，宇航员还从月球带回了实物样本，例如岩石。

其次，美国政府不会拿信誉开玩笑。如果仅是一场骗局，他们根本无须冒如此大的风险进行实况转播，而只需在事后发表一些照片即可，否则万一有所闪失，美国政府要承担极严重的后果，甚至会名誉扫地，从此一蹶不振。

第三，美国宇航局有一大批科技、工程人员，绝大多数人都会秉持科学的态度，不会将严肃的科学问题视为儿戏。假如登月计划是一场骗局，那么不仅全体参与者的人格将会受损，而且还让几万人守着谎言过了几十年，这绝非易事。

另外，美国的传媒几乎无孔不入。如果政府有欺骗行为，各大媒体一定会有所发现的。然而迄今为止美国新闻界并未对此大肆渲染，其中必有一定的道理。

再就是揭露登月事件的证据尚不充分。有人指出，以上提出的理由并不严谨，用几张照片和录像来判断登月是骗局，就如同用数学归纳法来证明哥德巴赫猜想一样可笑。

争论一直持续着，在美国华盛顿国家航空航天博物馆举行的纪念人类首次登月30周年的仪式上，美国副总统戈尔授予当年乘坐"阿波罗11号"在月球着陆的3名宇航员"兰利金质奖章"，以表彰他们为航天事业作出的杰出贡献。这一举动表示了美国政府对"阿波罗登月"的态度。但是，阿姆斯特朗却依旧拒绝参加任何记者招待会、签名或合影，几十年来他始终保持沉默。这又给人们留下了一个巨大的疑问。

阿波罗 15 月球车

宫廷秘闻

GONGTING MIWEN

法老图坦卡蒙死因之谜

图坦卡蒙是古埃及新王国时期第十八王朝的法老。他是一个毫无作为的皇帝，他 9 岁登基，18 岁就去世了。发现并挖掘了其陵墓的英国考古学家卡特说："他最大的价值是死了并被埋葬了。"

古埃及法老图坦卡蒙的陵墓上镌刻着这样一行墓志铭："谁如果打扰了法老的安宁，死亡就会降临到他身上。"

数十年间，电影和小说不断对这条神秘的墓志铭进行传播、鼓噪，"法老咒语"越传越神，不仅让盗墓者不敢造次，也同样令考古学家和游客十分忌惮。近年来，埃及考古学者勇敢地挑战咒语，用现代科技设备全面检查了法老的身体，进而揭开了 3 300 年前法老图坦卡蒙的死因之谜。

图坦卡蒙可能死于谋杀

公元前 1336 年—前 1327 年，统治埃及的图坦卡蒙是第十八位古埃及法老。虽然在古埃及历史上图坦卡蒙没有什么功绩，但他却

图坦卡蒙安静地躺在那里，任凭后人对其死因猜测不已

是现代最为著名的古埃及法老。1922 年英国考古学家霍华德·卡特和卡尔纳冯伯爵最先发现了图坦卡蒙法老的墓穴。除了墓志铭上那行令人惊悚的咒语外，墓穴内举世闻名的黄金面具、琳琅满目的陪葬品都引起了人们极大的兴趣，然而最受人关注的还是这位年轻法老的早逝之谜。18 岁的图坦卡蒙突然离奇死去，死亡年龄过早、下葬匆忙、脑后部受伤……人们预感他英年早逝的背后，一定隐藏着什么不为人知的秘密……难道年轻的图坦卡蒙死于谋杀？这位年轻国王的意外死亡之谜，引发了各种猜想，刺激着现代的探索者们拨开历史层层的迷雾，穿越时空，触摸那个久远而神秘的古埃及世界。

从图坦卡蒙墓穴内的构造进行分析，他的死亡可能是突发事件，因为他的墓穴又窄又小，像是还没有修好就匆匆下葬的样子。刚一看上去陵墓好像不是为王族准备的，而且装饰也很简单，墓穴四壁的壁画上还泼溅了不少颜料，也没有人去擦拭干净。而一些有价值的陪葬古董其实并不是图坦卡蒙的日常用品，因为据考古证实，这些古董上竟刻着别人的名字，图坦卡蒙的名字是在把原有名字除去后再刻上去的。

英国利物浦大学的研究人员于 1968 年在获准给木乃伊进行 X 光透视后发现，在死者的脑腔中有一块骨头曾移位，而在后脑勺处有一片极像血凝块的阴影。研究小组的哈里森博士称："这团阴影边缘并无异常，但它可能是由该部位的一次脑膜内出血造成的，而这次内出血可能是后脑遭到重击的结果。换言之，这一击极有可能造成了他的死亡，也就是说不排除图坦卡蒙死于谋杀的可能性。"当线索逐渐地清晰起来时，这个死亡事件的种种疑点幽灵般浮现出来。

杀死图坦卡蒙的凶手

杀害图坦卡蒙的凶手是谁？图坦卡蒙的一生为什么如此短暂？这场政治暗杀在历史上又留下了哪些印记？王朝的命运又有了什么样的变化？鲍勃·布留尔，这位历史学家从零散的卷宗、文物、陵墓以及木乃伊这些物件中整理还原出了一个历史故事，在图坦卡蒙的故事里人们能感受到古埃及王权斗争的惨烈。

嫌疑人一：军队统帅霍朗赫布。霍朗赫布常常教图坦卡蒙驾驶战车、狩猎，这些活动都有可能诱发一次"意外"事故。如果图坦卡蒙真的是死在路上，尸体在霍朗赫布运回之前就可能腐烂了。这倒可以解释为何木乃伊上额外倒了那么多防腐香料。霍朗赫布弑君最可能的动机是自己想篡权登上王位，要想达到这个目的，对于手中掌握军权的他并不难。

嫌疑人二：图坦卡蒙的妻子安克姗娜门。她的动机可能是篡位，或者是希望有继承人。在图坦卡蒙的墓穴中还发现了两具胎儿的木乃伊。据推断，两个死胎都是图坦卡蒙和妻子所生的女儿，这两个死胎可能是早产或死产。如果图坦卡蒙没有能力生育一个后代，安克姗娜门很可能希望他出局，而自己可以跟其他男人结婚。

嫌疑人三：宰相艾。艾在图坦卡蒙父王执政时就是宰相。后来他辅佐9岁的小图坦卡蒙登基，国家大权一直由他掌控，而且图坦卡蒙对他也非常信任。艾下毒手可能是觊觎法老的宝座，而在图坦卡蒙死后他确实当上了下一任法老。而且在图坦卡蒙的墓中还有艾主持图坦卡蒙葬礼仪式的壁画，而当时有权主持这一仪式的将是继承法老的人选。

迷雾揭开：图坦卡蒙并非被谋杀

后来，有人又对图坦卡蒙的木乃伊进行了 CT 扫描，而结果则显示图坦卡蒙没有遭到致命伤害。研究古埃及史的知名学者们却一致认为这是在说假话。为解开这个存在多年的未解之谜，埃及考古部和美国的研究小组用一辆载有特殊装备的车辆从帝王谷将这位法老王的木乃伊运了出来，希望用高科技设备对他的肋骨和头盖骨进行立体摄影，进而找到其真正的死因。

随后，研究小组公布了扫描结果：3 300 年前的这位年轻的古埃及法老不是被人谋杀致死。研究显示，图坦卡蒙虽身体瘦削，但很健康，没有营养不良或传染病，只是有轻微唇裂。

CT 片还显示，这位年轻的法老有细微的腭裂，不像是装饰用的胡须或其他面部装饰造成的影像。他的门牙比较突出，像其家族里的其他法老一样，牙齿有覆咬合特点。埃及最为著名的考古学家、埃及古物最高委员会秘书长哈瓦斯表示，图坦卡蒙的尸体保存完好，还能够清楚地看到他脸部的轮廓，就连他的手指和脚趾也完好无缺。研究小组针对有关图坦卡蒙被谋杀的种种说法进行取证，但并未发现其后脑曾受到过重击，也没有其他迹象证明他是被谋杀的。

研究者还发现，他胸部的意外撞伤也不存在。哈瓦斯称，研究小组有的成员认为，图坦卡蒙左大腿骨有一道骨折裂痕，这显示他大腿曾受到过重伤。虽然裂痕本身不会对生命构成威胁，但伤口却可能被细菌感染。尽管这个裂痕也可能是在防腐处理过程中造成的，但研究者们认为这种可能性不大。研究结果表明图坦卡蒙并非是受到阴谋刺杀而死。谜团解开后，这具重见天日的木乃伊又将回到他的栖身之地，安享属于他的宁静生活。

大流士获得王位之谜

波斯帝国历史上最伟大的帝王——大流士被尊称为"万王之王"。这位杰出的君主将波斯归于其统治之下,并征服了大片土地。而他获得王位的过程更是充满传奇……

发现假皇帝

公元前522年3月,拜火教僧侣高墨达趁冈比西斯远征埃及之际,在波斯国内发动政变。高墨达自称是被冈比西斯所杀的巴尔迪亚王子,骗取了波斯人民的支持,成为"新皇帝"。这个假皇帝很少以真面目示人,但这个秘密还是被揭穿了。冈比西斯的王妃无意中发现"新皇帝"没有耳朵,便把这个秘密告诉了自己的父亲——大臣欧塔涅斯。

欧塔涅斯由此推断出新皇帝并非巴尔迪亚,而是僧侣高墨达。原来居鲁士在位时,曾对高墨达作出过割去双耳的惩罚。欧塔涅斯将这一重要机密告知了6名波斯贵族,大流士即是其中一位。于是他们合谋发动政变,推翻高墨达政权。

这7名贵族先是派人在首都到处散布假皇帝的消息。不久,假皇帝的消息便在首都传开。高墨达见状不妙,连忙逃到一个叫作米底的地方,但最后还是被大流士和欧塔涅斯等人杀死。

大流士"突出重围"

根据希罗多德的《历史》记载,当7个发动政变的贵族重新夺回政权之后，在商议波斯的统治方式的时候，欧塔涅斯第一个发言说："我认为应该结束独裁统治，因为这既不是一件快乐的事，也不是一件好事，独裁统治者往往为所欲为。即使把这种权力给世界上最优秀的人，他也难以坚守他最初的立场和原则……相反，法律面前人人平等则会得到世人的拥护。其次，任职的人对他们在职期间所做的一切负责，而一切意见均交给人民大众加以裁决。所以我的想法是，我们废掉独裁政治，给人民更广泛的权利，因为一切事情是必须取决于公众的。"美伽比佐斯则主张实行寡头统治，并不赞同民主制。大流士则极力主张独裁，他说："一个最优秀的人物来统治一个国家是最好的选择，他能够完美无缺地统治人民，为对付敌人而制订的计划又不至于因为很多人知道而泄露。"然后他又论证了寡头制和民主制由于互相争斗，最终都会导致独裁统治。最后，大流士的主张以4∶3获得通过。在讨论由谁当这个独裁者时，7个贵族还约法三章：第一，欧塔涅斯明确表示他和他的后人不能受未来国王的支配，相反，每年国王都要给予其奖赏；第二，7个人可以自由出入皇宫，当然，国王正在休息时除外；第三，国王必须在余下6个人的家族里挑选妻子。

大流士自从登上王位后，为自己树立了一块石碑，石碑上面这样写道："叙斯塔斯帕之子大流士，赢得了波斯帝国。"和他一起杀高墨达的那几个大臣，这时都不敢提出异议了。其中有个叫尹塔普列涅的大臣惹怒了大流士，结果他的家人全部被杀。

公元前500年大流士发动了对希腊的战争，在马拉松战役中波斯军队惨败而归。10年后，大流士之子薛西斯又再次远征希腊，仍然是无功而返。自此，波斯帝国开始没落，但独裁统治制度却仍在世间延续。

埃及艳后容貌之谜

电影《埃及艳后》中埃及女王克里奥帕特拉被刻画得美丽绝伦、高贵典雅，但在英国国家博物馆中展出的女王雕像却被雕琢得相貌平平，一脸刻薄相。那么，女王的真实容貌到底是什么样子的呢？

公元前 1 世纪埃及女王克里奥帕特拉主宰着她的王国。她的传奇人生也成为电影的素材。在电影《埃及艳后》中，伊丽莎白·泰勒、索菲亚·罗兰都饰演过女王这一角色。电影里的埃及艳后是一位绝世美人。在凄美的自杀悲剧上，她展现了迷人的魅力，让那些男人们为她着魔，恺撒大帝和安东尼都为她的美色所倾倒。但让人大跌眼镜的是，有人说，影片中美丽绝伦的埃及艳后事实上是五短三粗的丑婆娘。传说她个子很矮，不足 1.5 米，而且身材臃肿，不会穿着打扮，脖子上还有赘肉，牙齿已经糟糕到需要找牙医修补的地步。

表现埃及艳后死亡场景的油画

英国人的观点

英国国家博物馆曾首次推出了埃及女王克里奥帕特拉的展品展览，共展出了 11 尊女王的雕像。在这些雕像中所展现的女王不过是个相貌平庸、脸部线条分明、一脸刻薄相的女人。

负责此次展览的英国工作人员说："虚构的故事通常都是子虚乌有的。"

从博物馆的展品看来，克里奥帕特拉并不像一个风情万种的美人，倒像是个女学者。据说她的第一语言是希腊语，她还会说拉丁语、希伯来语、亚拉姆语和埃及语。

坚持"埃及艳后容貌丑陋"这一观点的人认为：在克里奥帕特拉死后，有关她美艳的传奇蔓延开来。但真实的克里奥帕特拉只不过是一个矮胖、满口坏牙、鹰钩鼻子的女人。这不禁让人怀疑：她如此丑陋又如何能够俘获那个时代两位最强势男人的心呢？对于英国人的这一观点，埃及人奋起维护他们心目中的女神。埃及人认为是英国媒体是在诋毁克里奥帕特拉，因此，这一观点遭到了埃及人的强烈抗议。有人还将此事联系到几年前英国戴安娜王妃和埃及人多迪的恋爱故事，一些人到现在还认为那次车祸是英国人的阴谋，因为英国人不想让戴安娜这位英国美人嫁给一个埃及人。这回英国人攻击埃及艳后也是同样出于忌妒。为了维护心中圣洁的女神，埃及人进行了一系列的反驳。

埃及人的观点

埃及大学文物学院前院长布鲁非苏尔说："克里奥帕特拉脸部的细腻光泽和神韵是无可挑剔的，她挺拔的鼻子和端庄的五官在古今世界女王中绝无仅有……"埃及吉萨文物局长扎西哈瓦斯博士说："英国人说克里奥帕特拉丑陋和肥胖纯属胡言乱语，他们应该到埃及卢克索神庙去瞧瞧，这座神庙里有保存完好的克里奥帕特拉的浮雕，如果克里奥帕特拉像英国学者描述的那样不堪入目，那么为什么身边美女如云的罗马的两位盖世英豪会不顾一切地迷恋这位埃及女王？"

除坚持艳后美丽绝伦外，有的埃及学者还指出克里奥帕特拉的智慧更在其美貌之上。埃及哈勒旺大学的教授吉哈宰克先生说:"尽管克里奥帕特拉不像她与罗马将军的爱情故事中描绘的那么靓丽,但她也是聪明过人的,她不是用美人计在对付罗马将军,而是用智慧。"埃及亚历山大希腊罗马博物馆馆长艾哈迈德博士表示:"克里奥帕特拉在她 17 岁时就接替父亲治理国家,她统治埃及是依靠聪慧的头脑和深厚的文化底蕴。她与罗马将领们相处的三件武器是聪慧、泼辣和温柔。"

埃及人反对《星期日泰晤士报》的荒谬报道。举办艳后石雕像展览的英方负责人苏珊·沃克拉女士更明确地表示:"艳后的美是毋容置疑的,《星期日泰晤士报》根据残缺不全的雕像,采用电脑技术绘制出来的克里奥帕特拉的肖像是绝对不真实的,他们的这种做法只是想提高一下报纸的发行量。"埃及艳后不但受到埃及人的推崇,在世界范围内她也有很大影响。法国哲学家帕斯卡在《思想录》中写道:"要是克里奥帕特拉的鼻子长得短一些,整个世界的面貌就会改变。"海涅与莎士比亚为她写下了传世的诗篇和戏剧,而美国著名影星伊丽莎白·泰勒在电影中也极力展示出了埃及艳后的美艳。

一本名为《震惊世界的女人》的书中这样介绍克里奥帕特拉:"她有像青春少女那样的婀娜身段,还有一双乌黑发亮的大眼睛,高高隆起的鼻子显得她比普通妇女高贵。一头乌黑发亮的长发映照着她细腻白皙的肌肤,使她裸露的肢体如脂似玉,她嘴唇微翘，似笑非笑，蕴藏着一种高深莫测的神秘。在她身上兼具了东西方美女的妩媚与丰韵，可谓天姿国色。"

对于埃及艳后的容貌，以上这些争论都不无道理，但都带有个人的感情色彩，因而它们无法公正、客观地向世人展示克里奥帕特拉的容貌。埃及艳后到底是不是绝世美人这个疑惑，世人也许永远都找不到答案。

古罗马皇帝提比略
自我流放之谜

古罗马帝国的皇帝似乎难得善终，他们之中的许多人不是作恶太多被碎尸万段，就是遭到仇家暗杀死于非命，或是壮烈地牺牲在疆场上。唯有提比略这样一个"另类皇帝"选择终生自我流放……

公元 26 年，特立独行的罗马皇帝提比略出走首都罗马城，自我放逐于当时有名的流放地康帕尼亚，而他的"自我流放"持续时间长达 11 年之久。大概是提比略喜欢过离群索居的生活，他始终留在那里，直到他生命的最后一刻。

为何选择自我流放

罗马史学家塔西佗认为，提比略自我流放有以下两种可能：一是提比略手下大将谢雅努斯的阴谋迫使提比略自我流放。但是塔西佗考虑到这样一个事实，那就是在谢雅努斯被处死后，提比略仍继续自我流放达六年之久。所以塔西佗的另一个怀疑是提比略出于己意，"目的是想用这种方式来掩盖他那为人诟病的淫乱与残暴"。塔西佗还认为这可能是提比略深思熟虑之后才实施的。苏托尼乌斯则认为提比略是因为他的儿子不幸死亡，所以才想单独安静地生活。还有一种说法认为提比略老年时对自己的外貌

特别不满和自卑。据说他身材颀长，肩部下垂，但又瘦得出奇，头发已经所剩无几，满脸都是脓疮，经常涂着各种膏药。当他隐退后已经习惯了一个人独处，所以他想独自度过余生。

还有一种与上述观点大相径庭的说法是：提比略的出走是由于他母亲的专横造成的。他不想和别人一起共掌大权，但又不能除掉自己的母亲。总的说来，古代人对提比略放逐的原因侧重在他的体态缺陷和伦理道德方面，而近代史学家对此的猜测和看法则偏重于政治和社会方面的考虑。苏联史学家科瓦略夫认为："早在公元26年，对人产生的厌恶感和谢雅努斯的怂恿使提比略离开了罗马。"爱德华·特·萨尔蒙则认为：提比略选择自我流放目的可能有两个：首先是为了让他的继承人积累经验，其次是为逃避阿格里帕那的密谋。

总之，所有猜测都不能解释提比略自我流放的原因。自我恐惧也好，心理变态也好，都只是一种推断和假设。现在，不少中外史学家们正在努力地揭开这个谜底。对于提比略本人来说，只要活着时能一生无悔，死时能死得其所，这也就够了！

罗马皇帝提图斯的
性格变化之谜

提图斯可谓是最完美的罗马皇帝，因为没有哪位罗马皇帝能在在位期间让人无法找到任何瑕疵，而他却做到了。最令人惊奇的是，他在即位之前却是个魔鬼般的人物……

提图斯是以贪婪出名的罗马皇帝韦斯巴香的儿子，但是与他臭名远扬的父亲相反的是，提图斯虽在位时间不到三年，却让人无法找到任何过失和污点，他在民众中有着最高的赞誉。但提图斯刚上台的时候，人们对他并不信任，甚至是恐惧，而且有人认为他会是第二个尼禄。这是为什么呢？

少年时代的提图斯

少年时代的提图斯就表现出超出常人的气质，在许多方面他都非常优秀，而且还相貌英俊，身体健壮，既威武又和蔼，且精通骑术和武艺。他也有着深厚的文化修养，并以记忆力超强著称。他对什么事情都感兴趣，而且不用打草稿就能用拉丁文和希腊文作诗。他还有音乐天赋，吹拉弹唱，无一不通。但即使年少的提图斯如此才华出众，罗马公众也并不喜欢他，相反，他们十分憎恨提图斯。

原来，在年少的提图斯身边簇拥着一大群狐朋狗友，而这些人大都是罗马城中名声最坏的人，提图斯却和他们在一起长期厮混。他和犹太国王阿格里巴一世的女儿贝勒尼斯的关系暧昧，甚至据说他有和她结婚的意图。人们还怀疑他谋取贿赂和营私舞弊。除此之外，人们还觉得提图斯是一个冷酷残暴的人，因为在他担任禁卫军长官时，只要有人引起他的怀疑，他就秘密地派遣卫队杀掉那个人。在向耶路撒冷发动的最后攻击中，他就曾残忍地用 12 支箭射杀了 12 名守卫者。

登基后的提图斯

对于这样一个魔鬼般的人物，罗马民众早已经绝望了，可是当上皇帝后的提图斯却发生了蜕变，仿佛换成了另一个人似的。皇帝提图斯充分展示出了一个统治者所应具有的王者之风。他一上台就把贝勒尼斯送出罗马城，对于他和贝勒尼斯来说，这都是一个痛苦的决定。他不愿接受别人的财物，甚至连正当的和习以为常的捐资也要拒绝，更不会像他的父亲那样向民众勒索财物。

对于别人的要求，提图斯都尽量去实现。当他的家人说他许诺太多难以兑现时，他却说不应该让任何人在同自己的皇帝交谈后失望地离开。每天晚上，他都会回想自己白天做过的事，有时会因为这一天没有帮助人而难过不已。当罗马发生天灾时，他还自己出钱救济难民，把自己别墅中的装饰物拿去修饰神庙。

提图斯还表现出前所未有的忍耐和宽容，为了让自己的双手远离血腥，他宣布接受大祭司的职务。他遵从自己的诺言，此后，他再也没有判决任何人死刑。当两名贵族青年被揭发有反叛的意图后，提图斯宽恕了他们，只是警告他们放弃这种念头，因为皇权是命运赐给皇帝的，是不可动摇的。如果他们想要别的东西，他倒可以考虑。而在对待自己的弟弟时，他的表现就更加宽容，自从他继承皇位以来，他的弟弟就没有停止暗算他，甚至公开煽动军队造反。但是提图斯不但没有处死或流放他，还对外宣称他是自己王位的继承人，坚持让他享有从前的所有荣誉。有时提图斯还私下同弟

弟交谈，哭诉着与弟弟求和，希望兄弟俩能够继续像从前那样和睦相处。

公元 81 年 9 月 13 日，提图斯在自己的别墅因病逝世。噩耗传开后，罗马民众悲痛不已，举国皆哀。元老院的元老们等不及发布讣告，就全部聚集到元老院的议事大厅里，用最美妙的词汇颂扬提图斯，表达对皇帝的敬重

提图斯在位时修建的古罗马凯旋门

与哀悼。总之，一切提图斯在有生之年没有获得的荣誉，在他死后都加倍地得到了。

提图斯年轻时残忍，而且生活散漫，即位后，他不仅没有在权力面前迷失，反而约束自己的行为，使他和他的政府成为智慧与荣耀的模范。更为幸运的是，他在位只有两年多，时间也没有给他滥用权力和做恶的机会，所以在人们记忆中的皇帝提图斯永远是慷慨、慈爱和宽容的代名词。

提图斯为什么会从一个人人厌恶的魔鬼变成圣洁的天使？这是英年早逝的提图斯留给世人百思不得其解的疑问，可惜由于史料的缺乏，还没有人能准确地解释这个问题。如果我们找到了这个难解之谜的答案，很多教育、个人修养方面的难题也许就会有了解决方法，也就会培养出更多的贤人雅士。

伊凡雷帝杀子之谜

伊凡四世是俄国历史上第一位沙皇。他的性格乖戾、暴虐，而且生性多疑，因此他又被称为"雷帝"，即"恐怖的伊凡沙皇"。人们常说"虎毒不食子"，而伊凡雷帝却被怀疑杀死了自己的儿子……

阴暗的童年

伊凡雷帝即历史上的伊凡大帝，他3岁就继承了莫斯科和全俄罗斯大公位，号称伊凡四世。他也是俄国历史上第一位沙皇。伊凡四世性情凶残且生性多疑，因而得名"雷帝"。他的凶残与幼年的生活环境是分不开的。可以说他在17岁亲理朝政以前生活在一片黑暗中，先是他的母亲倒行逆施，接着是母亲神秘地死去，然后是贵族们为了权力长期相互拼杀。这样，伊凡雷帝没有接受到很好的人文教育。在这种极端阴暗的环境中成长起来的伊凡雷帝，很早便目睹了宫廷生活的黑暗和丑恶，在他的内心世界也埋下了暴戾多疑的种子。俗话说"虎毒不食子"，然而伊凡雷帝却被怀疑亲手杀死了自己的儿子，这传说可信吗？

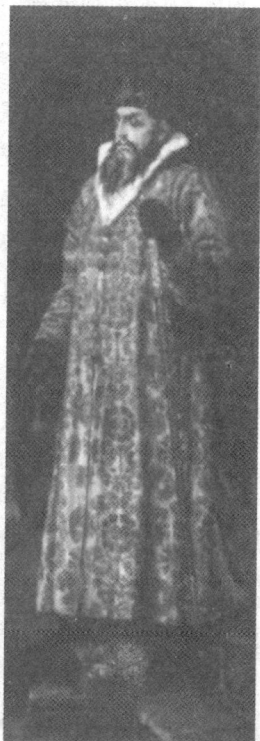

伊凡雷帝正在向大家展示自己库房里所存的物件

俄国著名画家列宾创作过一幅名为《伊凡雷帝杀子》的油画：整个画面气氛灰暗压抑，弥留之际的皇太子伊凡将头无力地靠在父亲的胸前，伊凡雷帝惊悸地搂着儿子，一只苍老的、血管突出的手抱着伊凡，另一只手紧紧按住儿子流血的伤口，试图挽回儿子的生命，但这显然是徒劳的，伊凡的身体软绵绵地倒在地毯上，他用绝望而宽恕的眼神望着年老的父亲，而伊凡雷帝的双眼中则充满着悔恨，两人的眼神形成了强烈的对比，整幅画有着一种令人震撼的艺术魅力。

乖戾残暴的雷帝

为什么人们会怀疑伊凡雷帝杀子呢？这可能是因为伊凡雷帝的性格非常残暴，当他还是个孩子时就经常把捉住的小鸟一刀一刀地杀死，或是将手中的小狗从高墙上扔下摔死，从而发泄心中的不快。13岁那年，他曾放出豢养的恶狗，将当时执掌朝政的皇叔伊斯基活活咬死，并将尸体挂在宫门示众。而当他刚登上皇位时，为了加强统治，就在全国范围内实行恐怖政策，严惩反对皇权的大贵族，这

一政策也殃及了许多无辜的平民。他还以炮烙、尖桩刑、挖活人心、剖腹抽筋等酷刑处死了数万人，因此，人们称他为"雷帝"，这一称谓是"恐怖的伊凡沙皇"的意思。

他的独裁和暴政不仅使遭到镇压的大贵族们心生不满，也引起了广大人民的强烈反对，就连沙皇身边的人，也有"朝不保夕"的危机感。本来，伊凡雷帝的暴戾性格在他娶了温柔善良的皇后之后已略有好转，皇后能理解伊凡雷帝，她开始以自己的温柔软化沙皇的残忍与阴暗，她如同天使般抚慰着伊凡雷帝。可是，拯救伊凡雷帝性格缺陷的天使却没能陪他终老。1560 年，伊凡雷帝亲眼看着心爱的女人病逝。失去皇后的伊凡雷帝，在童年时期形成的暴虐性格

又开始显现了。到了晚年，孤独使伊凡雷帝性情变得更加乖戾、喜怒无常，他总是惶惶不可终日，总觉得有人要害他。但是，对于他的长子、未来的皇位继承人伊凡，他还是特别疼爱的，时常让他陪伴着自己，可以说，除

了这个儿子，他已经不再相信任何人了。可是这位皇太子却死在伊凡雷帝的前面，上演了一幕"父存子亡"的悲剧。

伊凡太子的离奇死因

关于伊凡太子的死因有着多种说法，最普遍的一种是从 1581 年起，伊凡雷帝开始怀疑太子有夺取皇位的野心，多疑的性格使他越来越不能平静，父子关系也因为他的提防而紧张起来。有一天，伊凡雷帝看见伊凡太子的妻子叶莲娜只穿着一件薄裙在皇宫中出入，这违反了当时俄国妇女至少要穿三件衣裙的规定。伊凡雷帝勃然大怒，竟动手打了儿媳，错使已经怀孕的叶莲娜因惊吓过度而流产。伊凡太子知道后，对父亲大吼大叫，伊凡雷帝也非常气愤，一边大骂着"你这个可耻的叛徒"，一边举起手中的铁头权杖向儿子刺去。晚年的伊凡雷帝手里常常拿着一根铁头权杖，铁头权杖是一根顶端包有铁锥尖，柄上刻有花纹的长木杖。伊凡雷帝如果发脾气，就会用这个铁尖木杖向对方刺去，而宫内的人只要听到木杖敲击地面的声响，就会吓得赶紧躲起来。伊凡雷帝也没有想到自己的铁杖正好刺中了儿子伊凡的太阳穴，然后就如同列宾笔下《伊凡雷帝杀子》中的惨状一般，最后伊凡太子因伤势过重而结束了年轻的生命。

在各国历史上，宫廷内部也会有血腥与杀戮，像这样的父子相残、兄弟反目的事情不在少数。伊凡雷帝是否杀死自己的亲儿子，只有慢慢地寻找真实的答案了。

沙皇彼得三世死亡之谜

各国的封建宫廷中都存在着阴险狡诈与不择手段的争斗，宫廷政变不断上演。俄国也是如此，作为沙皇的彼得三世恣意妄为，不思进取，也因此使自已最终成为妻子叶卡捷琳娜的阶下囚。

1725 年彼得大帝驾崩后，俄国就陷入了长期动荡中。1762 年，沙皇彼得三世的王后叶卡捷琳娜发动宫廷政变，接管了俄国政权。同年 7 月彼得三世在狱中突然死去。彼得三世究竟是怎么死的呢？他的死与叶卡捷琳娜有没有关系呢？

不思进取的彼得三世

彼得三世自幼在德国长大，因此他并不喜欢自己的国家，反而非常崇拜普鲁士的军事制度与文化。他甚至不愿意接受治理俄国的命运。1761 年伊丽莎白女皇逝世，彼得三世继位。由于国内政局长期动荡，人们都希望彼得三世能够励精图治。然而刚继位不久的彼得三世却经常以自己的喜好对俄国现行制度和法令肆意改动，他颁布的一些政策损害了教会与贵族的利益，得罪了很多人，尤其是在对外政策上，彼得三世的所作所为让政界和军界极度不满。

叶卡捷琳娜女皇

叶卡捷琳娜原名索菲亚·奥古斯特，她出生于德国一个贫穷的家庭。当她知道自己成了彼得的未婚妻后非常激动，她和母亲千里迢迢来到俄国首府彼得堡。为了做个称职的皇后，她刻苦学习俄语，

并开始信仰东正教，不久她就能用标准的俄语虔诚地朗诵东正教的誓言，在场的大主教和教徒听后都感动得潸然泪下。1745 年 8 月，彼得三世正式迎娶叶卡捷琳娜为妻。婚后，叶卡捷琳娜发现丈夫是个风流成性的男人，他甚至把情妇带到家中。而同时伊丽莎白女王也对她有所怀疑，并派人监视她，年轻的叶卡捷琳娜暗暗地记下这些仇恨，但她并未表现出不满情绪或与之反抗。她一面刻苦读书学习如何治国，一面在军队和政界中扶植一些亲信，并将情夫们都安排到重要部门，为将来夺权做准备。

1762 年 6 月 24 日，彼得三世离开彼得堡去奥拉宁堡发动对丹麦的战争，叶卡捷琳娜留守彼得堡。7 月 9 日凌晨 5 时，叶卡捷琳娜发动政变，控制了首都，自立为女皇。彼得三世要求与女皇共同执政，但遭到了拒绝。他只好宣布退位，最后向女皇提出请求，希望能归还他的情人、小提琴和一只猴子，以便陪他度过余生。7 月 18 日，叶卡捷琳娜在枢密院正式登基，史称叶卡捷琳娜二世。就在叶卡捷琳娜就任皇位的同一天，彼得三世却在狱中突然死去。

彼得三世的死因

各国历史上封建宫廷中始终存在着夺权争斗，专制独裁与宫廷政变屡见不鲜，彼得三世正是这种独裁政治的出局者。但彼得三世是怎么死的？第一种说法称他是被人毒死的，据当时法国外交部的档案记载：一些人按照俄国风俗亲吻彼得三世的遗体作为最后的告别，后来那些人的嘴唇却莫名其妙地肿了起来；第二种说法是彼得三世是在酒后与人发生争执被人失手打死的；第三种说法是女皇为绝后患，派人勒死了彼得三世。彼得三世到底是怎么死的？叶卡捷琳娜二世有没有对他下毒手？至今仍是一个谜。

印度末代帝国皇帝
死于异乡之谜

任何一个王朝的末代皇帝都曾凌驾于万人之上，然后又经历从权力顶峰滑落的过程，他们是强大帝国的继承人，同时也是帝国"终结"的见证人；他们拥有着"高贵"的血统，却"卑贱"地结束了自己的生命……

在印度近代历史上，莫卧儿王朝曾盛极一时，其版图几乎覆盖整个南亚次大陆。然而莫卧儿王朝的末代皇帝——穆罕默德·巴哈杜尔·沙却死在远离故土的异域。这是怎么回事呢？

爱写诗的皇帝

18世纪中期，莫卧儿帝国日渐衰落。与此同时，英国殖民者为了掠夺财富，凭借强大的军事力量在印度建立起殖民统治。到1764年，莫卧儿王朝彻底沦为了英国殖民者的傀儡政权。此后的历代皇帝都被限制在首都德里，整日生活在红堡内，依靠英国政府发放的年金度日。正是在这种环境下，巴哈杜尔·沙于1837年继承了皇位。

与前代皇帝相比不同的是，巴哈杜尔·沙还是一位诗人，经常写

沙·贾汗皇帝统治时期进入莫卧儿帝国最辉煌的时代。此图为这一时期修建的夏利玛尔公园

一些风花雪月的诗歌来赞美自己的后宫生活。

1854 年，巴哈杜尔·沙所立的太子病故。巴哈杜尔·沙为将王朝的基业延续下去，便写信请求戴贺胥允许他另立太子，戴贺胥虽然同意了他的要求，却宣布巴哈杜尔·沙死后，其继承人不再是皇帝，皇室成员也要离开红堡到郊区生活，皇室的赡养金则从每月 10 万卢比缩减到 1.5 万卢比。

消息传出后，印度人民群情激奋，一向懦弱的巴哈杜尔·沙也不再妥协退让。他决心寻找机会摆脱英国人的控制，东山再起。就在这时候，一场波及整个印度的反英民族大起义爆发了。

反英起义的精神领袖

1857 年初，由于英国殖民者在印度军队中亵渎士兵的宗教信仰，引发了印度民族大起义。5 月 10 日，德里附近的印度第三骑兵团士兵打响了起义的第一枪，并宣布拥戴巴哈杜尔·沙为印度皇帝。

作为起义军的精神领袖，他不断发布文告，呼吁不同族群和宗教信仰的印度人联合反抗。他在文告中说："印度斯坦的子孙们！如果我们抱定决心，立即就能消灭敌人。"这些豪言壮语极大地鼓舞了起义军的作战热情。

在起义初期，起义军连战连捷，英军总指挥巴纳德也被击毙。不过当英国把派往中国、锡兰的军队召回后，形势就有了转变。与此同时，起义军内部的分裂加重了局势的恶化。9 月 21 日清晨，英军重新夺回了德里。当起义军撤退时，巴哈杜尔·沙拒绝逃亡，而是率领家人躲藏到祖先的陵墓中。由于皇太子岳父的出卖，很快，英军骑兵包围了他们。一开始，英军少校霍德森曾许诺，保证巴哈杜尔·沙等人的安全。然而当他们被抓获后，霍德森却残忍地枪杀了两位皇子和一位皇孙，从而使莫卧儿王朝没有了继承人。

流放异国的诗人皇帝

东印度公司于 1858 年进行战后审判时，将巴哈杜尔·沙列为"首恶"，巴哈杜尔·沙的"印度皇帝"称号也被剥夺，英国女王维多利亚则占有了这一称号。为了防止再次出现动乱，英国将巴哈杜尔·沙和剩余的皇室成员押解到缅甸仰光囚禁起来。

在囚禁期间，只有皇后陪伴着巴哈杜尔·沙。这位曾一度辉煌的皇帝，唯一自由的活动就是写诗。1862 年 11 月 7 日，巴哈杜尔·沙在仰光去世，莫卧儿王朝就此结束。临死之前，他还惆怅地在诗中写道："爱的一切都去了，就像被秋天夺去美丽的花园，我只拥有记忆中的辉煌。"

巴哈杜尔·沙死后，英国人将他偷偷安葬在仰光附近的一座佛教寺庙内。直到 1991 年，巴哈杜尔·沙的墓地才被人发现，后人在他墓前立了一座纪念碑，以此纪念这位忧郁的印度诗人皇帝，一位客死他乡的末代皇帝。

爱德华八世放弃王位之谜

俗语说，鱼与熊掌不可兼得。许多人在权力与爱情面前往往会选择前者。然而英王爱德华八世却毅然选择了一段平凡的爱情。是什么原因使他作出如此选择，他所爱的人又是何等的倾国倾城呢？

1936 年 12 月 11 日，爱德华八世自愿放弃王位，与一个曾离婚两次的平民妇女结婚，这让很多人瞠目结舌。

忠贞不渝的爱情

是什么样的女人可以让一个国王放弃王位呢？她就是沃丽丝·沃菲尔德。她既没有漂亮的容貌也没有超人的才华，可是 1931 年皇太子在伦敦刚认识沃丽丝时，就为她通情达理、端庄贤淑的风度所倾倒。沃丽丝虽已近中年，却有着少女般的身材。王子对沃丽丝一见钟情，但是父母、王室、内阁及各自治政府几乎所有人都竭力反对王子的这一举动。病入膏肓的乔治五世曾对首相鲍

115

尔温说："我死之后，这个孩子很快就会把自己毁掉！"乔治五世死后，王子即位，很快他就宣布要迎娶沃丽丝。首相鲍尔温以及其他大臣们一致反对，而爱德华八世却回答："我现在考虑的是自己配不配当沃丽丝的丈夫，和她在一起就是我最大的幸福……无论当不当国王，我都要娶沃丽丝，为了达到此目的，我宁愿退位。"由于政治风暴骤然来临，沃丽丝在"存心勾引国王，想要做王后"的诽谤攻击

爱德华八世与辛普森夫人的合影

下悄然离去，她不愿看到爱德华八世因为她受到伤害。于是远在国外的沃丽丝写信给爱德华八世要求分手。可是爱德华八世却说："即使因为和你在一起使我一无所有，我也没有怨言，比起你来，王冠、权杖和御座都不重要。"爱情高于一切的誓言使沃丽丝在人们的咒骂声中得到安慰。

1936年12月11日，刚刚继位并且还未加冕的爱德华八世发表了告别演说，他深情地说："我的朋友们，没有我深爱的那个女人的帮助和支持，我是不可能承担我肩负的重任的。"几个小时后，他便在皇家海军驱逐舰的护送下离开了英国，去和沃丽丝会合。

1937年乔治六世继位，爱德华八世受封为温莎公爵。后来，爱德华八世与沃丽丝来到法国结婚，并一起幸福地生活了35年。1972年，78岁的温莎公爵病逝。沃丽丝每天都要整理丈夫的遗物，并将它们保持他生前的模样。她在晚年整理了回忆录，整天听着丈夫喜欢的音乐。就这样，沃丽丝带着对丈夫的思念走完人生最后的14年。

1986 年 4 月 24 日，沃丽丝因肺炎在巴黎郊外逝世，享年 90 岁。至此，这段感人的爱情故事也落下了帷幕，它将永远为世人所铭记。

人们的几种猜测

人们对爱德华八世"不爱江山爱美人"的举动有着不同的看法和猜测：有人认为王子是被沃丽丝的美色所引诱；也有人认为王子是为了神圣的爱情而舍弃了王位；还有人认为王子是受"现代派"影响，想通过这种举动来冲击腐朽的君主制度。沃丽丝从来不公开为温莎公爵辩解，更不愿向世人谈及他们之间的爱情，这到底是什么原因，谁也说不清楚。

爱德华八世雕像

也许在不久的将来，人们能够真正解读他们之间伟大的爱情，能够从已公开的八十余封情书中找到满意的答案。

爱德华八世画像

日本天皇二战后
逃脱审判之谜

日本是一个君主制国家。在这个万世一表的国度里，天皇是至高无上的精神领袖。裕仁天皇是发动二战的元凶之一，但为何他在战后却未受到审判，他究竟是侥幸逃脱，还是盟国占领军（美国）有意为之？

日本是发动第二次世界大战的三个法西斯国家之一，二战期间，日本军队在中国犯下了不可饶恕的罪行。战后许多日本战犯被送上了国际军事法庭接受世界的审判，而作为当时日本最高统治者的天皇为什么没有受到军事法庭的裁决呢？在众多日本战犯被处决时，天皇又在哪里，他在做什么呢？

裕仁天皇也应接受审判

1945 年 8 月 15 日，日本裕仁天皇《终战诏书》的播出，向日本民众以及世界人民正式宣布日本无条件投降。日本投降后，战胜国、日本国内的部分民众、国际仲裁机构乃至裕仁本人都认为天皇应对战争承担责任。日本国内一些进步群众团体的领袖以及部分深受战争创伤的同盟国呼吁：裕仁天皇作为战争期间的国家元首是发动战争的罪魁祸首，应该以头号战犯接受国际法庭的审判与

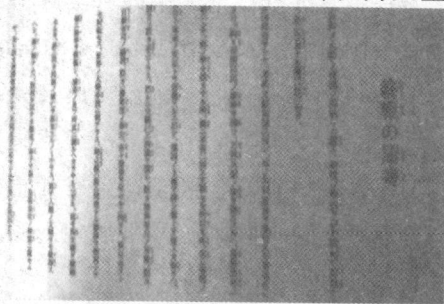

日本天皇的《停战诏书》

惩罚，并强烈建议废除日本天皇制，改变日本现存的政治体制。为惩处法西斯国家的罪行，在世界重新维护公正与和平，战后的东京设立了远东国际军事法庭。澳大利亚法官威廉·维著作为军事法庭的审判长也认为："如果不审理天皇，战犯则无法进行审判。为了维护法律的公正，他应在国内或国外受到拘禁。"裕仁本人也自知罪大恶极，难以面对愤怒的世人，应该承担起发动战争的罪过。但是，一次历史性的会面影响了裕仁天皇的命运，也为世界历史增添了些许神秘色彩。

历史性的会面

1945 年 9 月 27 日上午 9 时，裕仁头戴大礼帽，身穿燕尾服，与美国五星上将麦克阿瑟将军会晤，当时这位大名鼎鼎的将军是盟军驻日本占领军的最高长官。在这次具有特殊意义的历史会晤中，裕仁天皇勇敢地承认："日本政府的每一个政治决定和军事行动……我是最直接的、唯一的责任人。"作为盟军驻日占领军总司令，麦克阿瑟要求裕仁天皇否定日本注定统治世界的"大东亚"观点，维护世界和平，同时肃清国内黩武精神，此外否定天皇的神圣性，天皇由神回归为人。对于这些要求，裕仁天皇都完全接受照办。

一直以来天皇在日本居于神的地位而受到民众敬仰，保留天皇有利于更好地控制战后日本的国内局势。根据麦克阿瑟的建议，并考虑到政治上的需要，远东国际军事法庭审判员以表决的形式作出了裁决：凡涉及日本天皇的各类起诉，均不予受理。这个裁决是美国基于国家利益及全球战略的考虑而给日本天皇的一块"免死牌"。

1946 年 4 月 3 日，远东委员会决定对天皇不予起诉。

当东条英机等 7 名日本甲级战犯接受绞刑之时，发动侵略战争的日本最高领袖裕仁天皇却毫发无损。但是日本在二战中犯下的滔天罪行是无法漠视的，战争的阴影深埋在人们的心中，尤其是中国人民的心中。

名人逸闻

MINGREN YIWEN

君士坦丁皈依基督教之谜

君士坦丁大帝是罗马最著名的皇帝，同时也是历史上第一位信仰基督教的皇帝。他制定了许多鼓励基督教发展的政策，使基督教逐渐成为在欧洲占统治地位的宗教。那么，君士坦丁为何会信仰基督教？

基督教在罗马的兴起

基督教名列世界三大宗教之一，在发展之初曾经受到来自社会方方面面的压力及排斥，尤其是罗马，这个信奉多神宗教的国家对它更为排斥。然而罗马帝国皇帝君士坦丁又为何选择皈依基督教呢？

在公元 313 年罗马皇帝君士坦丁颁布了《米兰敕令》，在罗马帝国内施行自由的宗教信仰，并且承认基督教为合法宗教，基督教才初次取得与其他宗教相同的权利。一直到公元 4 世纪末的时候，狄奥多西一世开始打击其他宗教，基督教才得以被正式确立为罗马的国教。

君士坦丁成为基督教徒的故事

长久以来，有一个故事在不断激励着基督教徒。在公元 337 年，君士坦丁辞世后不久，塞沙里亚主教优西比乌在《君士坦丁传》中详细描述了此事。据说，公元 312 年 10 月的某一天君士坦丁率部队逼进罗马城，欲将罗马从劲敌马克桑蒂亚斯手中夺取过来。这时，君士坦丁在夕阳照耀的天空中看见一个巨大的十字架，一侧写有一行字："凭这个标记可以取得胜利。"就在那一天夜里，基督出现在君士坦丁梦中，嘱咐他举着绣有基督标记的军旗进攻，否则将不能取胜。君士坦丁立即命令匠人打造纯金旗标，上面用宝石连缀成一个代表基督名字的图案，表明他将对基督效忠。根据一些记述，兵士的盾牌上也漆上了一个十字架。因而，君士坦丁的部队在台伯河密尔维安桥上取得了胜利，从此君士坦丁成为一个虔诚的基督徒。

人们对《君士坦丁传》中故事的质疑

后世对这一记载存在质疑：第一，为什么这项如此惊人的天象启示在皇帝死之前要秘而不宣，直到他死后才让别人知道呢？第二，一夜之间，怎能制成一面镶嵌宝石的精致旗标呢？并且一造好就被带到战场上去了。而优西比乌或是君士坦丁本人都没有清楚明确地说出基督显灵的时间和地点。如果君士坦丁已经神奇而迅速地皈依了基督教，又为什么直到去世前才接受洗礼呢？

当然，优西比乌记述的故事在各方面不一定都翔实可靠，然而，有一点是毋庸置疑的：肯定在君士坦丁大帝进入罗马城前夕发生了一件极为罕见的事。有些学者认为，君士坦丁看到的幻象可能是由气象学家所说的日晕现象所引起的。大气层上层的冰晶体在太阳光的照射下形成光环，这些光环相互连接，就形成了某些观察者所看到的十字架形状。也许这可以解释君士坦丁大帝所看到的幻象，然而随后的梦境便无法解释了。不管怎样，自那场战争以后，在这个旗标下君士坦丁大帝率领的军队所向披靡，战无不胜。

基督战前显灵，助君士坦丁一臂之力，使其最终得以修成正果。这一故事娓娓道来，似真有其事，但无论怎样，这毕竟也只是传闻而已。至今，君士坦丁为何皈依基督教仍然是个谜。

拿破仑死因之谜

提起拿破仑，可谓无人不知，无人不晓。他那杰出的军事才能和顽强不屈的意志都给世人留下了深刻的印象。而他那一句"不想当将军的士兵不是好士兵"的名言，更是激励了无数的热血男儿。

拿破仑传奇的一生

皎洁的月光下，一名哨兵在站岗时不小心睡着了，当他猛然醒来时，发现身边正有人替他站岗，手中拿着他的枪。哨兵感觉这人有点儿眼熟，他揉揉眼睛，"上帝啊！"哨兵认出了那张轮廓分明的脸，他"扑通"一声跪倒在地，惊恐和绝望使他不敢抬头。

"朋友，"拿破仑说，"这是你的枪，你辛苦了。我正好不困，就替你站了一会儿，下次你可要小心。"

此后，这支部队在四天之内行进了一百多千米，进行了三次战斗，但没有任何一个士兵因此而抱怨过。

当时拿破仑只有 27 岁，作为法国意大利军团总司令的他是

法兰西第一帝国皇帝拿破仑

圣赫勒拿岛风光

第一次率兵出征。他在一年的时间里，带领43 000名士兵打了65次胜仗，俘敌16万，迫使奥地利在《坎波福来奥和约》上签字。从此，拿破仑声名远扬。

1798年5月19日，拿破仑作为远征军总司令出征埃及，想要实现他儿时的梦想。他占领了马耳他岛，征服了上、下埃及，进军叙利亚，消灭了两支土耳其军队，还洗劫了巴勒斯坦等地。在这场与英国争夺殖民地的战争中，拿破仑大获成功。就在这时，法国政局动荡不安。在国内，西部和南部发生了封建复辟势力的叛乱，人民的反抗运动也日益高涨；在国外，俄、奥、英等六国组成了"反法同盟"，从三面向法国发动进攻。在这种形势下，法国的督政府统治风雨飘摇，大资产阶级渴望着"铁腕人物"和"利剑"来保障其政治上的特权和经济上的利益。

而拿破仑此时也在心中设定了这样一个目标，那就是要回到巴黎夺取政权，以挽救整个法兰西。

为此，他毅然丢下了在埃及的2万法军，只率领500名亲信随从，巧妙地绕过英国海军的严密封锁，经过了40个昼夜的艰苦航行，突然出现在巴黎街头。巴黎人民因此而欢呼沸腾，欢庆持续了三天三夜，市民们欢乐游行；巴黎卫戍部队高奏军乐，整个巴黎都在欢迎拿破仑的归来。1799年11月9日（法历雾月18日），拿破仑在大资产阶级的支持下发动了"雾月政变"。

当圣克卢议会正在进行会议时，拿破仑率兵闯入了议会大厅，尽管在这场对峙中他有些惊慌，不过他仍然镇定地保持常态。4分钟后，议员们就四散逃开了。

1804年，当了五年第一执政的拿破仑，通过各种手段，被参议院加冕为法兰西皇帝，建立了法兰西第一帝国。

圣赫勒拿岛中软禁拿破仑的处所

从1799年执政到1815年，法国共经历了六次反法联盟战争。其中有许多战役都显示出拿破仑卓越的军事才能，奥斯特里茨战役就是突出的一例。这一战摧垮了第三次反法联盟；也是这一战，使英国首相皮特心力交瘁，一病不起，几个星期后就逝世了。临终前，皮特首相要人摘下挂在墙上的欧洲地图，悲伤地说："卷起来吧！今后十年不需要它了。"

1815年6月18日，著名的滑铁卢战役爆发了。拿破仑因这场战役而走向了他政治生涯的终点。当时英军在威灵顿公爵的指挥下，勉强顶住法军排山倒海般的进攻，已到最后极限。此时，威灵顿公爵的援军布吕歇尔率三万部队及时赶到，而拿破仑的援军却迟迟不来。在联军的全面反攻下，拿破仑仓皇逃回法国。

拿破仑的棺椁

一切都结束了。1815年6月22日，在议会的逼迫下，拿破仑签署了退位诏书，结束了法国历史上的"百日王朝"的统治，拿破仑被流放到遥远的圣赫勒拿岛。

在圣赫勒拿岛上，拿破仑被严加看管了六年。1821 年 5 月 5 日下午 4 时 45 分，拿破仑逝世。拿破仑的一生充满了传奇色彩，给人们留下了太多的意外，太多的迷惑。其生前如此，死后也不例外。

探究拿破仑死因之谜

拿破仑死后，根据他的遗愿，他的私人医生安托马什及其他六名医生为他作了尸体解剖。在医生们提交的四份解剖报告中，虽然他们个别意见不统一，但有一点却是一致的，那就是拿破仑胃部靠近幽门的地方有溃疡，换一种说法就是拿破仑可能死于胃癌，而且有关人员在研究拿破仑家族病史时发现，拿破仑的父亲就死于胃癌。所以这一说法也不无可能。

1982 年，瑞典毒药学家斯坦·福舒夫伍德出版了名为《谁是杀害拿破仑的凶手》一书，引起了世人的关注。在书中，作者把拿破仑的死因归结为"慢性砒霜中毒"。因为在 1840 年，法国人在把拿破仑的尸体运往巴黎时发现，拿破仑的尸体虽然在地下掩埋了二十多年，却完好无损。后来有科学家设法弄到了拿破仑的头发，发现其中砒霜的含量高于人体正常值 13 倍。因为，砒霜这种剧毒既可以要人性命，也可以保护遗体。研究发现，拿破仑身边的随从蒙托隆最为可疑，他可能受路易十六弟弟的指使，向拿破仑的葡萄酒中滴人小剂量的砒霜，致使其慢性中毒身亡。

拿破仑是一位伟大的人物，也是一位神秘的人物，更是一位被众多谜团笼罩的人物。人们愈是想揭开他神秘的"面纱"，愈是感到迷雾重重。

加加林死因之谜

宇航员阿列克赛耶维奇·加加林是世界的骄傲，他成功地飞上太空，让人类从此认识到地球以外的世界。但是，这位勇登太空的英雄却死于一次普通的飞行训练，这其中是否隐藏着不为人知的秘密呢？

1968 年 3 月初，加加林开始了他新的单飞训练。按计划，从 3 月 13 日到 5 月 22 日，他将乘米格 – 15 歼击教练机飞行 18 次，总共历时 7 个多小时。

悲剧发生于瞬间

1968 年 3 月 27 日，加加林计划绕圈飞行两次，每次需飞行 30 分钟。9 时 15 分，他和副驾驶员谢烈金开始了飞行前的准备工作，飞行准备工作完全按照当时现有技术条件下的操作规程的要求进行。

经过仔细的检查工作后，他们在飞机准备程序簿上签了字。而后，加加林和谢烈金进入驾驶舱。10 时 19 分，飞机正式起飞。

刚开始，飞行进行得很顺利，飞机飞行得很平稳。到了 10 时 30 分，加加林请示地面指挥塔，准许他们取航向 320° 返航，指挥塔台批准了他们的请示。

于是，加加林准备从 70° 航向转 320° 航向下降。当飞机飞出低层云时，飞行倾斜角已达到 70° ~ 90°，几乎就是垂直俯冲下坠，而且离地面只有 250 米 ~ 300 米。两位飞行员紧密配合，想把飞机从俯冲状态中挣脱，但是没有成功，飞机一直在下坠。10时31分，无线电通信中断，可怕的事故发生了。

人们对飞机坠毁的原因猜测不已

飞机坠毁后，现场立即被封锁起来，相关人员匆忙赶到，进行拍照测量，并搜集飞机残骸，用于事后研究。政府还特别成立科技鉴定专家小组来调查这起事故。

对这一事故，政府和各界人士都非常重视。人们也是非常震惊，拥有丰富飞行经验的加加林怎么会死于这样一场普通的飞行训练呢？随着调查的深入，人们的疑惑也越来越多。根据调查显示，飞行员训练、组织、飞行安全和飞行准备完全是严格按照要求进行的；飞机上的设备没有受到任何毁坏，也没有出现什么故障；飞机没有发生起火，也没有发生爆炸，防火系统在飞行时没有使用；飞机上的电路畅通，氧气系统完好无损；发动机在与地面相撞时仍在工作；飞机上没有发现任何零件和结构元件陈旧磨损的痕迹。在当时，米格－15歼击教练机的性能首屈一指，而且在技术装备上也是十分先进的。

然而，究竟是什么原因导致了这次令人痛心的事故呢？人为的可能可以排除吗？

对此医学专家专门进行了详细的分析与研究，结果证实：加加林在死前并没有出现中毒、催眠等现象，在死前一分钟他仍然处于完全清醒的状态。

这次事故因为时间的流逝而成为了谜案，但愿我们还能够找到更多资料来解开当年的谜题。

图中左起第一位是航天英雄加加林

苏格拉底的死因之谜

苏格拉底是世界古代历史上最著名的思想家之一，曾被后世誉为"希腊的耶稣""西方的孔子"。然而，他的死因却是众说纷纭，众多的假设实在让后人难以捉摸。

公元前399年，在希腊雅典的一个普通法院里，已经七十多岁的苏格拉底被作为政治犯进行法庭的审判。他的罪名是"亵渎神灵，蛊惑青年""煽动反民主情绪"。面对法庭的审判，苏格拉底慷慨激昂，侃侃而谈："雅典的兄弟们，我敬爱你们，但是我将服从的是上帝，不是你们，只要我有生命与力量，我将永不停止宣扬与传授哲学……我是上帝派遣给雅典城的牛虻，我们的国家像一匹硕大高贵的骏马，它由于体积大、行动迟缓，需要时时叮咬它，这样才能使它精神焕发。所以我总是跟着你们，说服你们，并且在你们办事不公正的时候责备你们。"但是，雅典这匹"骏马"却不喜欢"牛虻"的叮咬，执意想把这只"牛虻"消灭掉。30天以后，苏格拉底镇定地喝下了当局为他准备的毒酒，安然辞世。

一代大哲学家诞生

大约在公元前469年，在希腊雅典城邦一个普通石匠的家里，一个小男孩来到了世上，他被取名为苏格拉底。在成长过程中，伴随他的是希腊连绵不断的战争，他曾经多次参战，并从中悟到了更为深刻的思想。因此，他不像前代的哲学家们那样整天坐在书斋里苦思冥想，而是把眼光从茫茫宇宙转向芸芸众生，积极地融入社会，向社会传播他的哲学思想。传说中，苏格拉底其貌不扬，不修边幅，他经常光着一双脚，穿着一件破旧的长袍，为此他还得到了一个"雅典的小丑"的绰号。他总是出入于人们聚集的地方，他在与各类人的接触中学到很多，同时对其自身的思想产生了极大的影响。

苏格拉底的一生都爱好智慧、追求智慧，他是第一个把"人"自身列入哲学命题的人，"认识人类自己"，从他开始成为

苏格拉底半身像

哲学的中心主题之一。哲学不再是高高在上的，而是进入了普通人的日常生活中，成为在俗世中检验生命、伦理和善恶的真谛。他提出"知识即美德，无知即罪恶"，主张"真知必行""知行合一"。

此外，苏格拉底还是一个著名的教育家，他看到母亲为人接生孩子，便得到启示，用启发式的教育方法，让学生表达自己的想法，他称自已是知识的"接生婆"。在他教过的学生中，最有名的当数大哲学家柏拉图。

苏格拉底的最后审判

苏格拉底生前既有大批忠实的追随者，也有大批激烈的反对者。当他背负莫须有的罪名接受审判时，他的学生色诺芬和柏拉图在法庭上就对原告们提出的罪状进行了逐条反驳。但是一切无济于事，苏格拉底最终还是被认定有罪。雅典法律中有这样一条：被告在被判决前，有权提出一种与原告不同的刑罚，法庭可以在二者中选出一个施行。而苏格拉底公开表示他的言行是有利于社会的，根本谈不上犯罪，他甚至认为，最合理的判决是让他终生在雅典卫城的圆

顶厅享受国家提供的免费餐。也许他的言行使法官们大为恼火，他竟然被判处了死刑，连他自己也没有料想到会是这样的结果。雅典人民也为之惊讶。

宣判的那天，恰逢雅典的一个祭祀日，按照当时的法律，祭祀日是不能处死犯人的，于是苏格拉底又多活了30天。这一段时间，他过得很平静，他的朋友们买通了监狱看守，制订了越狱计划，极力劝他逃走，但他拒绝了，他认为自己应该服从国家的法律。"无论如何，别人不义地把我处死，我自己有什么理由因此而自惭形秽呢？不光彩的不是我，而是那些定我罪的人。"

人们对苏格垃底死因的猜测

1979年4月8日，《纽约时报画刊》发表了著名记者斯东的文章。他认为雅典是欧洲思想、言论自由的发源地，不可能因为传播某种激进的思想，就把一个受人尊敬的大哲学家处死，真正的原因可能是苏格拉底犯下了其他不可饶恕的罪行。为了美化老师，他的学生色诺芬和柏拉图刻意隐瞒了一些重要情节。

人们从苏格拉底坦然受刑的行为推测，他的死只能说是历史的悲剧。他选择了为信念而死，也许这样也算死得其所。但是，几千年后的今天，苏格拉底的思想仍然有着深远的影响，这也许就是对他最好的纪念。

麦哲伦死因之谜

1522年9月6日，西班牙塞维尔热闹非常，经过三年的等待，西班牙人终于盼到了"维多利亚号"的返航。人群涌向港口，然而人们看到的是18名骨瘦如柴的船员，却始终没有见到领队麦哲伦的身影……

麦哲伦的航行证明了"地圆"学说

麦哲伦（约1480年—1521年）是葡萄牙航海家，出身于葡萄牙骑士之家，1517年他移居西班牙。1519年麦哲伦奉西班牙王室之命率船队越过大西洋，沿巴西海岸南下，经南美洲大陆和火地岛之间的海峡（后名麦哲伦海峡），进入太平洋。在进入菲律宾后，麦哲伦与当地土著人发生冲突，被土著人杀死。他的船队继续航行，最后回到了西班牙。这是人类历史上第一次环绕地球的航行，证明了地球是圆形的。

1522年9月6日"维多利亚"号顺利返回了。人们纷纷涌向港口，想要看看船队从东方的收获，想要听听船员们的奇闻轶事。但是，当船队靠岸时，人们被眼前的情景吓呆了：在仅有的一只海船上走下了18名骨瘦如

马克坦岛风光

柴的船员，然而人们始终没有看到领队麦哲伦的影子。西班牙国王授予"维多利亚"号船长埃里·卡诺一枚带有地球图案的徽章，上面写着："你首次围绕我航行一周。"但人们知道，这句话本应该属于麦哲伦。可是，麦哲伦却永远留在了他发现的那片土地上。

艰难的航海之旅

麦哲伦1480年出生在葡萄牙一个没落的骑士家庭，年少时父亲将他送进王宫服役，他曾做过王后的侍童。1505年麦哲伦参加了葡萄牙的远征队，先后到过东部非洲、印度和马六甲等地进行探险和殖民活动。麦哲伦在东方漫长的航海中，积累了丰富的经验。八年过后，他回到了里斯本。见到葡萄牙国王时，他大胆地提出了自己环球航行的想法，不料却遭到拒绝。因此，麦哲伦在1517年放弃了葡萄牙国籍，转而投向西班牙。他向西班牙国王查理一世呈献了一个绘制得十分详尽的彩色地球仪，上面标明了拟订的航线。幸运的是，国王也有同样的想法，他爽快地答应了麦哲伦的要求，下令装备船队，为麦哲伦航海远行做准备。

1519年9月20日，麦哲伦率领一支由5条海船、265名水手组成的远航船队，从西班牙圣卢卡港出发了。葡萄牙国王注意到了他们的行动，便派出一些奸细混入麦哲伦的船队，想要伺机破坏航海活动，目的是保护自己海上贸易的优势地位。船队在浩渺的大西洋中航行了70天后，到达了巴西海岸。船队继续向前行驶，于1520年3月31日，到达圣胡利安港（今阿根廷境内）。在这里停留期间，由于天气寒冷，再加上粮食不够吃，船员疲惫不堪，情绪十分低落。随后，有3艘船发生了叛乱，麦哲伦被迫前往谈判。麦哲伦沉着地应对这次事件，秘密处决了一位船长，成功地平息了叛乱。但仍然有一条船沉入了海底。

1520 年 8 月，船队继续向南航行，两个月后，奇迹终于出现了：大家魂牵梦绕的"大海峡"就在眼前。麦哲伦派一条海船前去探路，但这条船却趁机掉头返回了西班牙。麦哲伦带领剩下的 3 条海船经过 28 天航行，终于在 10 月 28 日走出了海峡的西口。后来，为纪念麦哲伦的功绩，人们就把这个海峡称为"麦哲伦海峡"。麦哲伦的船队继续向西航行，去寻找"香料群岛"——马鲁古群岛。但是，船队在计算航线时出现了一些错误，这导致麦哲伦的船队偏离了正确的航线 10°，然而，也正因为他们偏离了正道，才发现了欧洲人未知的另一个岛屿，后来这个岛屿便以西班牙国王菲利浦的名字来命名。1521 年 3 月 28 日，船队来到了菲律宾群岛的一个小岛——马索华岛。随麦哲伦航行的人群中，有一个名叫思里克的马来人，在这个小岛上，思里克竟然听懂了岛上居民的语言。也正是这一点，令麦哲伦和思里克激动万分。因为 9 前年的 1512 年，他们正是从这里西行回国的，9 年后，他们竟然从东方进入了该地区。那么，很明显，他们的船队已经成功绕地球一周了，地球果真是圆形的。

麦哲伦之死

麦哲伦此次环球航行的最大亮点是发现了菲律宾群岛，然而，他的航海生涯也结束于此。1521 年 4 月 7 日，麦哲伦的船队到达了村庄林立、人口众多的宿务岛。西班牙人在岛上竖起了巨大的十字架，并宣称该岛属于西班牙国王。随后他们又要求当地

土著人接受基督教的洗礼，并强迫宿务岛周围岛屿的土著人屈服。这些行为遭到了当地人的反抗，其中的马克坦岛反抗最为激烈。1521 年 4 月 26 日，麦哲伦率领着 60 名船员，分乘 3 条船，前往马克坦岛，准备凭借先进的武器来镇压马克坦岛人的反抗。不料在 4 月 27 日清晨麦哲伦等人遭到了马克坦岛人的顽强抵抗，他们用弓箭和标枪同麦哲伦的船员展开激战，麦哲伦的腿上中了一箭，他见势不妙，便命令船员撤退。在撤退过程中，麦哲伦和 6 名伤员不幸被马克坦岛人包围。在反抗中，麦哲伦右臂被刺伤，腿上也受了刀伤，不堪痛苦的他一头栽倒在海里。岛上的人群起而上，杀死了麦哲伦。那天下午，船员们想用钱财换回麦哲伦的尸体，却被岛上居民回绝。

麦哲伦在菲律宾群岛被当地土著人杀死，这一点基本没有争议。但关于麦哲伦因何而与土著人发生冲突，历来说法不一。一种说法认为：麦哲伦到达菲律宾群岛时，发现有两个小岛屿的居民正在为一些事情发生争斗，麦哲伦的船队插手其中，卷入了两个岛屿部族间的战争，结果在混战中麦哲伦被活活打死。还有一种说法是，在长期海上航行后，船员们不堪忍受物资匮乏的生活，而去抢夺土著人的食物，才引起冲突，导致了麦哲伦被杀。真相到底如何，现在已无人知晓了。

诗人荷马之谜

《荷马史诗》是一座文化宝库，考古学家以它为线索寻找遗址，电影人以它为素材创作影片。但是它到底是一个人的作品，还是一个团队的创作？千百年来人们对此一直争论不已。

荷马的真实身份

相传，开创西方文学先河的两部伟大史诗《伊利亚特》和《奥德赛》都为同一人所作。这两部作品以其独特的文学价值，为世人所称道，至今，它仍然具有不朽的魅力。这两部史诗的作者相传为公元前8世纪的荷马。荷马是古代希腊的游吟诗人。现代研究表明：这只是古希腊人的说法，这两部巨著的作者，可能另有其人，而且两部史诗是否由同一个诗人独立完成，至今仍不能确定。关于荷马的真实身份，究竟是一个单独诗人还是一个团体至今也没有明确答案。公元前7世纪（或公元前6世纪）留下来的一首古诗曾经有过这样的记载："（荷马是）住在契奥斯岛的一个盲人。"可是这种说法至今无法考证，所以近3 000年来，荷马的真实身份一直受到文学界的质疑。

关于荷马的生平事迹，只有这两部史诗可以引以为据，不过这其中的线索也少得可怜。但有一点是可以确定的，荷马是古希腊时期在公众场合表演吟诵诗歌的人，即古希腊人所称的"吟唱诗人"。在荷马时代之前，希腊人是不会使用文字的，因此人们才能肯定荷马是"吟唱诗人"。在公元前8世纪中叶，地中海东部的腓尼基人教授希腊人学习字母之前，希腊人根本不会书写记载。荷马时代之前，人们都是以口头的形式传播故事，并将其译成歌谣，方便"吟唱诗人"记诵。更有些吟唱者可以当场即兴发挥，每一次都有新的演绎。每个吟唱者都把一首诗歌以自己的方式进行修改，日积月累，一首诗就有了各种发展。《伊利亚特》和《奥德赛》这两部史诗最终写成时，肯定是历经润色增补的最后定稿。

《伊利亚特》与《奥德赛》并非荷马一人所作吗

仔细阅读荷马史诗中的一些部分，可以看出，有些是很短的诗句，并且诗中描述的事件，有些发生年代要早于其他一些部分，这就说明这两部史诗历时很长，是共同传诵记录的结晶。

因此，专家经过推测得出的结论是：就在希腊人从腓尼基人那里学会字母，知道如何书写时，一个天赋极高的吟唱诗人出现了，他汇集了大量累积下来的口传诗歌，把它们整理成两部具有丰富内涵的史诗，并用文字记录下来。

关于史诗的创作，一直有很多种说法，并且还不断涌现新的观点，有些人认为荷马早期创作的史诗篇幅都比较短小，经历代传诵，才成为今天宏大的巨著。当然，这离不开历代传诵者的加工。对这

特洛伊之战的木板刻画

荷马和他的向导（1874 年）

两部史诗的起源和写作过程作这样的假想，应该是极为妥当的。但又有疑问随即产生了，因为除了《伊利亚特》的某些用语似乎比《奥德赛》时代较早之外，这两部史诗的语调与主题的差异也很大。比如，《伊利亚特》描写的主要是发生在几日内的事，并且对战阵、军功极为强调；《奥德赛》所述事迹则长达 10 年之久，同时专写幻想和神仙魔鬼，而且《奥德赛》很少有关于战争残酷的描写，所以 19 世纪英国小说家巴特勒得出其作者不是男人而是女人的观点。

　　无论如何，这两部史诗在写成之后，并非一成不变，而以后的吟唱诗人又在已写下的史诗上作了新的补充及润色。尽管在这两部史诗的手抄本没有比公元前 3 世纪更早的版本了，但从两部史诗相似的风格看来，在某一个历史时期一定有一个比较统一的力量贯穿这两部史诗，然而，使这两部史诗这么相似的原因究竟何在呢？为什么找不到任何记载？也许这些疑问还将长期困扰着文学界。荷马是否参与了这两部史诗的创作或者这两部作品就是他一人所为呢？有许多关于史诗的疑问期待着后人来解答。

文豪莎士比亚的身份之谜

莎士比亚被后人公认为人文主义文学的集大成者，并有"时代的灵魂"之美誉。他的作品有着深厚的文化底蕴。但是这样伟大的文豪，其身份却一直是文坛的一个谜。

贵族德维尔是真正的莎士比亚

威廉·莎士比亚是欧洲文艺复兴时期英国最伟大的剧作家和诗人，爱德华·德维尔是伊丽莎白一世统治时期的一位贵族。这两个人之间本来毫无关联。但是，一个文学组织却将德维尔这位贵族认定为真正的莎士比亚。消息一传开，世人都颇为震惊。

美国的一个名为"德维尔学会"的文学组织宣称，爱德华·德维尔伯爵才是被官方认定的莎士比亚37部戏剧作品的真正作者。"他是最适合这种工作的人，"德维尔学会秘书理查德·马利姆说，"他（德维尔）受过（相应的）教育，并有（相关）旅行经历，而平民莎士比亚并没有（这些背景）。"

几百年来人们一直对莎士比亚的作品存有怀疑，认为他的平民经历与他作品中描写的宫廷生活、上流社会生活以及其他国家的风土人情并不相符。因此，不

位于斯特拉特福地区的莎士比亚故居。故居旁有美丽的花园，花团锦簇，景色怡人

断有人被提名为"真正的莎士比亚"，其中包括剧作家弗朗西斯·培根和诗人克里斯托夫·马洛。一个文学组织甚至说莎士比亚的真实身份是一名女性，名叫玛丽·悉尼。这个文学组织说："如果你坚持认为埃文河畔斯特拉特福的威廉·莎士比亚是作家，你就扭曲了整个文学历史。"

德维尔是牛津十七世伯爵，比莎士比亚年长15岁，1550年出生于赫丁厄姆堡。德维尔曾在牛津和剑桥大学求学，并在欧洲大部分地区旅行过。而莎士比亚则出生于沃里克郡斯特拉特福镇的一个平民家庭，生日是1564年4月23日。由于13岁时家道中落，莎士比亚不得不辍学经商，因此在斯特拉特福语法学校的学习经历就成了莎士比亚所受过最高的正式教育。莎士比亚于1586年左右前往伦敦。德维尔学会说，当时的莎士比亚身无分文，碰巧遇到了贵族德维尔，便幸运地充当了这位贵族的替身，为其讽刺作品和表演作掩护。

种种猜测的出现不仅让人想起了另一谜团：在莎翁作品中出现的黑肤夫人到底是谁呢？

莎士比亚的本来面目

然而，莎士比亚出生地的基金会对德维尔学会的观点持完全否认的态度。基金会主席韦尔斯说："他（莎士比亚）那个时代有足够证据证明，莎士比亚是一位很被看重的作家，尤其是剧作家。"

韦尔斯还反驳德维尔学会关于莎士比亚充当了德维尔的"掩护"的观点。他说，在莎士比亚时代"充满流言蜚语的戏院"里，这种欺骗手段根本不可能成功。而且，德维尔作为一个大忙人，却能"在各种各样的活动间隙写出如此多的杰作，这很荒谬"。

所有以上的猜测也仅仅是猜测罢了，相信随着历史的前进，人们终会还原莎士比亚的本来面目。

莎士比亚半身塑像

安徒生的身世之谜

安徒生的童话给许多人的童年带来了无限的欢乐与幻想。而这位文学大师的身世也如他的作品一样神秘。他真的出身王室吗？是人们美好的愿望还是事实的确如此呢？

安徒生出生于贫苦家庭说

丹麦著名童话作家安徒生的童话故事伴随着一代又一代的孩子度过了纯真而快乐的童年。关于安徒生的真实身份，人们也有许多猜想，尤其是有传闻说他本身就是位王子，那么这到底是真是假呢？先来看关于安徒生的普遍描述：1805年4月2日，这位伟大的童话故事作家出生在丹麦富恩岛上的欧登赛城中的一间又矮又破的房子里。他的父亲是一位整日为生活忙碌的鞋匠，母亲则是一个非常善良的洗衣妇。贫穷的童年生活使安徒生走上了文学创作的道路。1835年他的第一本童话故事集出版。安徒生自己的童年虽贫穷但却幸福而快乐，所以，他认为那些贫苦的孩子也应该拥有享受幸福快乐的权利，这些童话书正好能使他们的童年充满欢乐。每年圣诞节时，安徒生都会

出版一本童话书，当做礼物送给孩子们，这些童话至今仍口口相传。例如《丑小鸭》《夜莺》《皇帝的新装》《卖火柴的小女孩》《海的女儿》等。持续写作将近 40 年，发表一百六十多篇作品的安徒生是丹麦人民的骄傲。

安徒生真的是落难王子吗

丹麦人并不满意普通传记对安徒生的介绍，在《安徒生——一个真正的童话》一书中，历史学家延斯·纪根森提出了这样一个观点：安徒生的真实身份乃是丹麦国王克里斯蒂安八世和一个名叫劳尔维格的伯爵夫人所生的私生子。在他出生后，王室把他安置在了安徒生父亲——这个欧登赛鞋匠的家中。安徒生如果真是一个身份低微的鞋匠的儿子，和皇室没有关联，他怎么能进入上流社会，出入皇家剧院，还在阿马林堡里居住过一段时间呢？丹麦作家皮特·赫固也有类似看法，他提出了另一种根据：一位海军上将的女儿曾提到，安徒生也曾发出自己是王子的慨叹。

安徒生自己有本自传叫《我一生中的童话》，在书中，他并没有提及自己是王子，也没有做出任何自己是王子的暗示。有的学者还找到了多年前教会户口登记册的复印件，登记册上记录了 1805 年 4 月 2 日凌晨 1 时，鞋匠汉斯·安徒生与其妻子安娜喜得贵子，并且记录了安徒生是在 4 月 16 日那天接受洗礼的。

丹麦著名历史学家塔格·卡尔斯泰德为了解开安徒生出生之谜，翻阅了大量有关那时国王克里斯蒂安八世的资料，他发现，在那个时代，王公贵族之间偷情的现象确实存在，生下私生子也实属可能。国王对这类问题会以一封信和一笔钱打发了事。

安徒生是否是落难的王子也许并不重要，人们只不过是想要对这位作家了解得更多一些罢了，人们最为关注的，仍是这位文学家带给每个人童年的无尽欢乐和幸福回忆。安徒生这个名字已经成为了美好童年的象征。

普希金死亡之谜

普希金在文坛上的地位非常高，后人对他的赞誉很多。他被称为 19 世纪俄罗斯伟大的民族诗人，俄国浪漫主义文学的主要代表和俄国批判现实主义文学的奠基人。这样一位伟大的诗人却离奇地英年早逝。

为爱而战的普希金

1837 年 2 月，俄国著名诗人普希金在与情敌丹特斯的决斗中身亡，俄国文坛从此陨落了一颗巨星。人们为这位英年早逝的诗人而哀痛，纷纷缅怀他，但同时，人们也为他的死感到疑惑，于是各种猜测纷纷出现。

年轻的普希金风流倜傥，才华横溢，与莫斯科的绝色佳人冈察洛娃相遇后，二人便一见钟情，共同坠入爱河，不久之后便结为夫妻。

然而几年后，不幸的事情发生了。在一次舞会上，冈察洛娃与沙皇禁卫军军官、法国的纨绔子弟乔治·丹特斯相识。丹特斯立即展开对冈察洛娃的追求。普希金得知后，又羞又愤，觉得自己的名誉与尊严被践踏了。为

普希金故居

普希金与妻子的塑像

了挽回声誉，他要与丹特斯决斗。可是，在决斗现场，丹特斯趁普希金尚未准备好之际就先开了枪，普希金被伤到了要害，不久，他就因伤势过重而不治身亡。

普希金是否真的死于一场阴谋

俄罗斯人为诗人的悲惨命运而流泪，人们要求惩治凶手。但普希金真的是死于情场上的一场决斗吗？

有关专家经过对史料的分析研究后，得出这样一个结论：普希金并不是偶然中枪身亡，这一切都是一场阴谋。

原来沙皇尼古拉一世在此之前，就已经觊觎普希金妻子冈察洛娃的美色。丹特斯受沙皇指使，在各种公开场合引诱冈察洛娃并蓄意要把普希金惹怒，激他与之决斗，然后趁此机会杀掉他。

但是以上种种仅是猜测，关于普希金死亡的幕后真相，世人无法得知，他在事业的辉煌之时却意外离世，这不能不说是全世界的遗憾。只希望能早日破解他死亡的谜团，还原历史的真实面目。

托尔斯泰晚年离家出走之谜

1910 年冬天的一个早晨，在梁赞至乌拉尔铁路沿线的阿斯塔波沃车站里，有人在候车室的椅子上发现一位去世的老人。经过调查，人们惊讶地发现，这位老人原来就是大名鼎鼎的列夫·托尔斯泰。

晚年的托尔斯泰在思想上的巨大转变

列夫·托尔斯泰是俄国著名的大文豪，其一生创作颇丰，影响深远，在文学界有着举足轻重的地位。然而，这位享誉世界的作家在晚年却做了一件举世皆惊的事——离家出走。要想探究他离家出走的真正原因，还要仔细研究他晚年的思想变化，这一点至关重要。

晚年的托尔斯泰笃信宗教，而且宗教观、社会价值观都发生了很大的变化。73岁时，托尔斯泰回到了故乡雅斯纳雅·波良纳庄园。

托尔斯泰积极改变自己的生活方式，甚至开始折磨自己，想要以此来减轻内心的负疚感。他不再出席各种聚会，开始厌恶人情世故。反而穿戴得如同农民一样，与他们一同在田里劳作。后来他更是遣散了他手下的农民，并且将田地分给他们。

对于著作的版权，他也无偿地捐给社会。

托尔斯泰不顾妻子反对，公开发表声明：从 1881 年以后他完成的任何作品，可以由任何人免费出版。

重压之下选择离家出走

生活在这样一个等级分明的社会，托尔斯泰的亲人、朋友都不能理解他的举动，包括他的社会价值观、宗教观。

正在托尔斯泰受到了孤立与打击之时，切尔特科夫出现了。他用花言巧语取得了托尔斯泰的信任，并在老人生命的最后 9 年里，在老人的众多家人、随从者中获得了最为特殊的地位。

但是，这个人用心险恶，他真正的意图是想要获取托尔斯泰作品的继承权。朋友们都看出切尔特科夫居心叵测，只是没人敢直面托尔斯泰，告诉他实情。

妻子索菲亚也感到了切尔特科夫对她地位的巨大威胁，她对此非常痛苦，脾气也越来越坏，甚至把怒气全都撒在了托尔斯泰的身上。

托尔斯泰被公认为全世界的文学泰斗，被列宁称为"俄国革命的镜子"

1910 年 8 月 30 日晚，他们又发生了激烈的争吵，索菲亚甚至冲动地说她并不是痛恨切尔特科夫，而是不能原谅托尔斯泰。对于妻子的愤怒与谴责，托尔斯泰采取的是宽容谅解的态度。在他人生的最后岁月里，他活得并不快乐，反而被种种责难包围。他忍受不了这种责难充斥他最后的岁月，于是选择了离家出走。

1910 年 10 月 28 日早晨 5 点左右，托尔斯泰就带着私人医生离开了波良纳。在火车上，他病倒了，不停地咳嗽，并开始发高烧。他们在阿斯塔波沃车站下了车，7 天后他就病逝在这个荒凉的小站里。

很多专家和学者都曾专门研究过托尔斯泰离家出走一事。究其原因，普遍认为是多种因素的累积才使他作出了离家的决定。但是托尔斯泰为何选择这个时候离开，他为何在病重时仍不愿回家？这一直是一个谜。

莫扎特死因之谜

莫扎特是一位创作了无数传世名曲的音乐大师。这位音乐神童的一生却如流星般绚丽而短暂。而他短暂的一生里却充满许多神秘，长久以来，人们一直对他的死因猜测不已。

音乐大师死于感染吗

奥地利音乐大师莫扎特于 1791 年 12 月 5 日死于维也纳，时年 35 岁。两百多年来，始终没查出他死于何病，这位音乐天才的死因一直是西方医学界的一个难解之谜。

不久前，美国医学专家简·赫希曼公布了他的研究成果，他认为莫扎特是死于旋毛虫感染。赫希曼依据莫扎特在 1791 年 10 月 7 日给夫人的一封信中的几句话"我嗅到什么？猪排！那是何等美味"得出了上述结论。

赫希曼称这种猪排受到了旋毛虫的污染，当时曾有很多人因此患上了这种旋毛虫病。旋毛虫病的潜伏期可长达 50 天，而且会伴有全身发痒的症状。莫扎特的病情记录中也有类似症状，所以说他死于旋毛虫病是有其合理性的。

然而，德国著名毒物理学家莱因哈德·卢德维希教授对上述结论深表怀疑。卢德维希却将这一结论称作"迄今为止众多有关莫扎特死因猜测中最可笑的一种"。这位国际知名医学专家、德国莱比锡大学临床药理学研究所的创建人认为，赫希曼所提出的支持其结论的依据"实在太牵强了"。

真实死因无据可查

数十年来，卢德维希因一直从事对莫扎特死因的研究而享誉世界。他说，专家学者们都是从同样的原始资料出发来推测莫扎特的死因的，但结论却花样百出。

这主要是因为："原始文件不完整，有些甚至是虚假的，有的内容还相互矛盾。"此外，他补充说，还有一个重要因素使得专家学者们对莫扎特死因的意见不统一，"我们没有对莫扎特进行过尸检，而且现在也不可能这样做，因为我们不知道莫扎特骨骸的下落"。

如今，尸检已作为最重要的死因依据用于现代医学和解剖学中。2003年，美国科学家正是通过对贝多芬头发进行检测，发现其中铅的含量超出人体可承受标准数百倍，从而推测，贝多芬很可能是由于经常饮用含有铅毒的葡萄酒，最后因铅中毒而死亡的。但是如今的科学家们手里一点关于莫扎特的资料都没有，哪怕只是莫扎特的一根头发。

卢德维希教授指出，莫扎特在孩提时代就经常吃药，去世前几个月他更是"不断地看病吃药"，但到底"他患了什么病"，却没人知道。

据人们目前掌握的材料来看，莫扎特的死因仍不能有一个明确统一的答案。我们一起期待谜底被揭开的那一天吧。

贝多芬猝死之谜

"乐圣"贝多芬不幸的遭遇令人们同情，而这位乐坛斗士与命运抗争的精神更赢得了世人的尊敬。一直以来，人们都纷纷猜测到底是什么原因使这位音乐大师突然离世。

音乐巨星的陨落

天才似乎总要受到更多的磨难，堪称世界音乐史上最伟大的音乐家贝多芬便是这样。他一生与病痛为伴，饱受折磨，尤其是双耳失聪几乎断送了他的音乐前程。他的精神支柱也因此坍塌了，他甚至曾一度绝望到企图自杀。最终，这颗音乐巨星于1827年3月26日下午5时30分陨落，给世人留下众多谜团。

谜一样的死因

关于这位音乐家的死因，人们普遍认为他是因为酗酒过多而引起肝病致死的。他在55岁时就被检查出患有很严重的肝病。但是英国尤维尔区医院风湿科顾问医师帕尔福曼对这种看法提出了异议。他认为折磨这位音乐家的许多病痛都是由一种少见的风湿病引起的，这种少见的风湿病会使患者身体的每个器官都发炎，并逐渐侵袭全身。这种病痛剧烈难忍，所以音乐家可能受不住痛苦而自杀了。如果他有幸生活在现代，用类固醇来治疗或者直接给他移植肝脏，或许他还能多活很多年，这样《第十交响曲》也就有可能问世了。

另外，还有一些研究专家试图从贝多芬的家庭关系上来揭开作曲家的死亡之谜。他们认为，贝多芬过早的离开人世，主要是由他的侄子卡尔造成的。卡尔长期烦扰贝多芬，这不仅对他的身体，更对他的精神造成了极大的损害。他的侄子在别人面前称呼贝多芬为"老傻瓜"，只要贝多芬对他稍加严厉，言语过重，这个无赖就会用自杀来威胁。但是尽管如此，贝多芬对他慈父般的爱还是有增无减，并且一再容忍他。1826 年 12 月 1 日，卡尔不顾贝多芬的劝阻，硬要去军队服役，贝多芬只好陪他上路。旅途中，贝多芬感染了风寒，自此一病不起。他回到维也纳时，生命已即将走到尽头。但是毫无良心的卡尔在听到伯父病危的消息后，不仅毫无反应，反而沉浸于自己的享乐中。贝多芬的病情不断加重：先是肺炎，然后是肝硬化，最后引起全身水肿……

新证据、新说法

2003 年，美国科学家对贝多芬的头发进行了检测，发现其中铅的含量超出人体正常标准数百倍，科学家因而怀疑贝多芬可能是死于铅中毒。

事实上，贝多芬的真正死因或许已经并不重要了。许多喜爱其作品的人们以探究他死因的方式来更好地表达对他的追忆。